楷書自學輔導叢帖之一

唐顏真卿書勤禮碑

楊蒼舒編著

荊南王軼猛

文史哲出版社印行

唐顏眞卿書勤禮碑　目次

臨習本帖，要注意的幾點

一、本帖主要特點是把讀帖和臨習緊緊結合在一起。這是考慮到臨習者常常忽視讀帖，而要臨習好一本字帖，讀帖的功夫非下不可。所以把兩者結合起來，使臨習者想不讀也不行。什麼叫讀帖？一是對點畫形態的認眞辨析，從五個方面去辨析：起筆的形態、收筆的形態、點畫的長短、粗細和走向，一是對結體的辨析：每一點畫和部位所處的位置，各自縱向和橫向所佔有的地位，貫氣和呼應關係。辨析清楚後再寫，與不讀帖就寫，效果優劣，立即可見。

二、編者提出臨習點畫的口訣：五要領，兩邊線；兩邊線，加力、減力善知變。臨習結體的口訣：縱橫佔位力求準，呼應、筆勢要公明。旣是讀帖的要求，也是臨習的要求。認眞按口訣去讀、去寫，都能收到事半功倍的明顯效果。這是由不同文化程度、不同年齡層次，或經面授，或經函授，實踐結果，充分證明了的。

三、「五要領」，指每一點畫的起筆、收筆、長短、粗細和走向。「兩邊線」指點畫的兩條邊線，任何點畫，除了基本軌迹（即中心線的走向，如橫從左到右，豎從上到下，其餘可按此類推）之外，都有兩條邊線，邊線的走向和基本軌迹並不完全一致，如：、，基本軌迹是乀、、、，一看便知和兩邊線的走向不完全一致。起筆和收筆，看它的形態，其形態不外乎方、尖、圓、斜及其中兩種的結合。形態不同，用筆的方法也不同。點畫的長短、粗細和走向（即筆勢）不看準、寫準，都會影響結體。所以讀帖時要讀準，臨習時，纔能寫準。「加力和減力」，指某一邊線在走向發生變化時運用的行筆方法，爲「」，按軌迹，從左上向右下，但其上邊線成圓形，下邊線則平挺。所以行筆時，下邊線不加力或減力，上邊線要先加力，到最上突處轉爲減力。懂得加力和減力，點畫邊線不論如何變化，都能寫得出來。如兩邊線同時變粗或變細，則仍用「按、提」這兩個術語。

四、漢字從組合情況看，分三種：一、點畫和點畫的組合，如：二、十等；二、點畫和部位的組合，如子、申等；三、部位和部位的組合，如詔、嶽等。不管點畫或是部位，處在一定的位置時，縱向和橫向都佔有一定的地位，讀帖時讀準了，臨習時，便容易寫得準。部位也好，點畫也好，組合在一起時，都應成爲有機的整體，所以讀帖時必須讀清、讀準彼此之間互相照顧和呼應的關係。點畫之間的貫氣（就是上一筆的收筆凌空連向下一筆的起筆，這叫貫氣）不能使之中斷；點畫的含力所在，也必須認準，並且寫得出來。

關於三、四兩項，後面都有具體的指導。

五、學寫毛筆字，除了眼到、手到、心到之外，還要做到「三定」：定時、定量、定帖。定時，要選定每天臨習最有保證的時間，天天到選定的時間就認眞臨習。定量，每日要寫一定量的字，不能忽多忽少、時多、時少。定帖，選定一本字帖，便一定要堅持寫下去，直到不看字帖也能寫得很像，寫出精神來。千萬不能見異思遷。

六、點畫或結體，有時臨來臨去，仍然臨不像，可以用下列方法。一是「映寫」，即把書寫用紙覆蓋在字帖上，像「描紅」一樣，一筆一筆完全按碑帖上的範字寫。要一筆寫像，不能補筆。一是「鈎寫」，即把書寫用紙覆蓋在字帖上，如寫點畫，應用「雙鈎」，用鉛筆按點畫邊線鈎出輪廓，再用毛筆去塡，也要一筆寫成不能補筆。這兩法，在行筆時要着重領會用筆的方法，幾次下來，再臨寫便容易寫像。「鈎寫」中另一方法便是「單鈎」，即沿軌迹鈎出單線，再按單線行筆。單鈎可用於結體寫不準、寫不好時用。古人說過：雙鈎易得形態，單鈎易得位置。

這三種方法，都屬於「摹」。臨和摹，是學毛筆字者的必用方法。有成就的書法家，還更重視「摹」，初學者更不應忽視。

寫字和執筆姿勢

一、**寫字的姿勢**：有坐寫和立寫兩種，特殊的不說。

1.坐寫的姿勢：口訣是「頭正、腰挺、臂開、足安」。

(1)頭正：頭不東斜西側，要端端正正向前略俯。

(2)腰挺：腰挺則上身不彎、不傴；但應使前胸和桌邊保持一只拳頭的距離，絕不能讓胸部碰到桌邊。

(3)臂開：兩臂自然向兩側撐開，與小臂成〈〉形。左手手指撐開與手心同時按向書寫用紙，右手執筆。

(4)足安：兩腳腳底分開踏實，兩膝寬與肩齊。腳不能前伸後縮，疊成二郎腿。要使身體穩定、安舒。

坐着寫，要使軀幹和大腿、大腿和小腿、小腳和腳掌各成直角。櫈椅過高過低都不合適。

2.立寫的姿勢：口訣是「頭正、身躬、臂曲、足實」。

(1)頭正：頭不許向左右斜側，要端端正正前俯，目光應顧及全局。

(2)身躬：上身前彎如鞠躬狀。彎度要根據落筆處離身體遠近而定。應以書寫方便，不易疲勞爲度。

(3)臂曲：左手稍曲，用掌鎮紙，也用以支撐軀體。右手執筆書寫，也應稍曲，方能使力。

(4)足實：站着寫字，不免走動，所以不用安字而用實字，要求站得穩實。兩足分合、前後不論。

二、**執筆法和執筆姿勢**：

1.執筆法：執筆法從東晉開始已見諸文字，歷代都在研究，因爲「學者欲問學書法，執筆功能十居八」（清朝梁巘《執筆歌》）。現在公認「五字執筆法」優點最多。這五字是：擫、押、鈎、格、抵。可稱「五指齊力法」。

(1)擫（壓）：用大拇指指肚（螺箕面），緊貼筆管內側，力自內向外。拇指上斜而稍仰。

(2)押（也作壓）：用食指第一節斜鈎筆管外側；指尖與拇指指端相對，約束住筆管。

(3)鈎：中指在食指下面，也用第一指節，鈎住筆管外側，幫助食指向內用力。

(4)格（或稱揭）：用無名指肉甲相連處緊貼筆管右內側，用力擋住中指鈎而向內的筆管，不使筆管內斜。

(5)抵（或作輔）：小指緊靠在無名指下，以增強無名指之力，以擋位筆管內斜。

2.執筆姿勢：光知執筆法還不夠，還必須懂得執筆姿勢。其口訣爲：指實、掌虛、掌豎、腕平。

(1)指實：要求每隻手指都能實實在在發揮作用，要使實勁。實到何種程度？以筆運行時不稍鬆動，書寫時指掌不因執筆過緊而至僵直，能耐久爲度。過緊過鬆盡錯。

(2)掌虛：五指執筆後，筆管下半部離開掌根約五到六公分之間。此時掌心可容一隻鷄、鴨蛋。

(3)掌豎：掌向上斜豎，而非筆直豎立。掌如直豎，掌腕都易僵強，書寫難以耐久，運筆不利；且視線被遮，僅左眼能見，故知應該斜豎。

(4)腕平：指的是腕部和小臂成水平狀，不是指腕的左右側和桌面成平行狀；若成平行狀，則掌心必然完全向外，無法執筆書寫。

後兩點極易誤解，故予解釋，請以實踐試之。

坐着寫字，還有懸肘問題，應該說說。懸腕，指腕部懸着，小臂依托桌面；懸肘則連小臂都應離開依托之物。不依托便是懸。應該懸得多高？低到小臂下面平放的紙張或一本書，能夠移動而不碰觸腕、臂、肘；高到右肩絲毫不上聳。依此檢查，隨便懸得多高都可以。懸肘時，必須使腕、肘成水平，否則便錯。筆管長、執得高，可懸得高些；一般長度的筆管，執得不高過半腰，可懸得低些。

筆在運行時，筆管要始終垂直於紙面，懸肘，可使筆運行幅度大，運行自如，且能靈活。

顏眞卿和《顏勤禮碑》簡介

顏眞卿（公元七〇九～七八五）字清臣，唐代傑出書法家。自署琅琊郡（今山東省臨沂地區）人。在玄宗朝，被楊國忠排擠，出任平原太守。安祿山叛亂，平原早有準備，賊不敢犯。肅宗時，曾任憲部尚書，遷御史大夫。因讒又遭貶官。代宗朝遷升到尚書右丞，封魯郡開國公。因此，又稱顏魯公。德宗時，權奸盧杞討厭他，封太子太師後，李希烈反，盧杞提出派顏眞卿去勸說。李希烈想利用他，不屈遇害。贈司徒，謚文忠。

顏眞卿善楷書和行草，筆力遒婉，世人極看重，作爲傳世之寶。幼年時，家境貧困，寫字沒有紙筆，用黃土在墻上學字。他一輩子都喜歡在石上寫字，大的近尺，小的也有一寸見方。晚年，曾把打磨得光潔的石板用車載着，到那裏都跟着。有人求寫碑文，便寫在石上，留在當地。所以他寫的碑石留存的很多。宋代朱長文在《續書斷》中說顏眞卿的字「自義獻以來，未有如公者也」，列爲神品（等於第一等）第一名。在評論了他的一些碑刻後說「點如墜石，畫（橫）如夏雲，鈎如屈金，戈如發弩，縱橫有象，低昂有態。……惟公合篆籀之義理，得分隸之謹嚴，放而不流，拘而不拙，善之至也。」魯公從張旭得筆法，曾作《筆法十二意》。後從家藏得篆書、石鼓文、隸書的義理和筆法，化入筆下。所以從他四十歲時寫出面目獨具的《多寶塔》之後，幾乎每隔幾年，面目又有變化，直到七十六被殺害時止。稍晚於魯公的懷素、柳公權，都從他的字得到筆法。到五代楊凝式，魯公書法的影響越見明顯。宋元以來諸大家幾乎沒有不受魯公影響的。

《顏勤禮碑》簡稱《勤禮碑》，全稱《唐故祕書省著作郎夔州都督府長史護軍顏君神道碑》。顏勤禮是魯公的曾祖父，是顏眞卿自己撰文和書寫的一塊神道碑。唐代宗大曆十四年（公元七七九）建立於陝西萬年縣（今西安）寧安鄉鳳棲原墓道旁邊。到宋哲宗元佑年間（一〇八六～一〇九三）有個長安的太守要在後花園造亭臺樓閣，把長安境內的碑石都挖取去做基址，這碑從此消失。一九二二年十月重新出土，但銘詞早被磨去。現在移置在西安的碑林中。這碑，四面刻字，存三面（銘詞一面已無字）：正面十九行，陰面二十行，每行都是三十八個字，左側五行，每行三十七個字。因此碑久埋土中，直到出土，八百多年間，未經推拓剔剜，所以碑文字口，大部份近乎新刻，仍保留奕奕的神彩。顏眞卿寫這塊碑時，已經七十歲，正是他的書法藝術達到十分純熟的完美境地，確能充分展示顏書的寬大宏博的藝術風貌。

顏眞卿寫這塊碑時，正是他政治生涯中幾經起落，又重新走上順境的時候。上年八月從地方調回中央進尚書省任刑部尚書，常年三月改任吏部尚書，又是爲曾祖父立碑，所以心境舒暢，精神飽滿，寫得字字飽滿，筆筆酣暢。儘管由于碑失，無人論及此碑，但從重新出土，拓印問世後便被認爲是臨習楷書的最好範本之一。本帖係從一九二四年文明書局的初版本中選字編輯而成，更宜于臨習。

《顏勤禮碑》的字形特點和點畫特徵

一、字形特點

體態豁達端莊，雍容大方，敦厚清整，舒展開闊，疏密適當，結構停勻，善於避讓，字口豐滿，豎多相向。字形以方爲主；縱向多部位結構以縱勢爲主，橫向多部位結構極少取橫勢。

二、點畫特徵

顏眞卿的楷書，因早、中、晚期從體貌到點畫都有明顯的區別，所以不能籠統的稱「顏體」，即同時期所寫的如七十一歲時《顏家廟碑》也不相同，尤其是點畫，所以要說顏書的點畫，要說明是他的哪一塊碑。這裏特地提一提，以免把《勤禮碑》的混作他寫的其他碑的字。

1. 行筆沉穩雄強，落筆多藏鋒，收筆多回鋒。起筆處成方形的少，成圓形的多；橫畫起筆大多成斜中帶圓的形狀，豎筆和撇也大多呈斜圓形。斜捺、平捺多作一波三折狀。蠶頭燕尾（也有人叫「雁尾」）是顏字斜捺、平捺最突出的特徵，不只《勤禮碑》如此；不過《勤禮碑》的燕尾尤覺乾淨利落。

2. 點畫之間，講究呼應和貫氣。點畫形態常因貫氣呼應與筆勢而產生多種的變化。同一字中的同樣點畫、同樣的部位，由於所處位置不一樣而極富變化，在肅穆、平和中，顯得生動多姿。

3. 橫畫較輕瘦，豎畫較粗重；兩橫同在，或仰、或平、或覆；兩豎同出，左豎較瘦、右豎較肥；中豎大多粗壯有力。豎作懸針時，常常寫到整筆的五分之四處，方見逐漸提收。左右兩豎，多作相向之狀，內邊多挺直而左右兩外邊富於走向的變化。

4. 楷書的長橫，所有書法家所寫，都不作水平狀，而是稍向右上斜，成左低右高狀。《勤禮碑》的長橫、中橫的左低右高狀尤爲明顯。長橫多上拱成覆蓋形，筆漸上提，以頓法收筆。

5.長捺常成瓢狀弧形，起筆輕細，漸寫漸粗；出尾處最粗壯，尾端一般較長。

6.《勤禮碑》不常用反捺。用時，也寫得較長；如寫得短小的，則完全同右向點。

7.撇，大部都較瘦，寫得痛快、利落，有如腰刀、長劍。

8.點，筆筆沉着，形態極多變化。如右向點（），或露鋒起筆，或藏鋒起筆。所以起端或尖或圓，或上翹、或微俯，或較挺，背和尾端均呈圓形，而腹部或平或上凹。有些稍平，有些稍豎。至於點的組合變化，長短、走向、粗細各有變化，顯得豐富多姿。

9.折，在《勤禮碑》中，大體有三種折法：一是用頓法折，一是圓轉折，一是右肩上突，右角隱現之間的非頓非轉折。折處都向右下斜，但有圓、有方，極難找到規律。折處有時和橫筆斷開，有時似斷非斷。

10.小口，都成上開下合狀，左右斜度成對稱；有時左短豎不斜，但起端總成左彎的彎頭。彎頭與短豎末端的斜度和右豎筆的斜度同樣對稱。使小口看上去很開闊，實際上不覺得過大。

11.鈎有幾種，但都在鈎前的一筆末端回鋒到鈎底再出鈎。有些鈎鈎得很含蓄，僅僅看得出鈎尖。有些鈎得較長，不管那類鈎，幾乎都成鳥頭露喙的形態。出鈎處，常是內方外圓、內直外斜。

總之，顏氏《勤禮碑》的字屬「外拓」一法，所以點畫雄強；用筆常出以篆法，所以藏鋒較多；又兼隸法，所以點畫開張，臨習時應多體味，方能較快得法。

兩句口訣的運用及注意事項

一、關於寫好點畫的口訣：

1.加力減力的過渡一定要均勻、自然，不能驟起驟落。驟起驟落，偶然用在筆畫突然變細變粗時。

2.加減力的力度要靠自己掌握，無法說得十分具體。只有經過多次認眞的實踐，方可掌握得較爲恰當。隨着熟練程度的提高，自然會越寫越符合要求的。

3.書寫時墨要稍濃些，以落紙毫不滲化和粘滯爲度，否則，粗細便不可能符合要求。

4.加減力都是在原筆畫粗細的基礎上變化的。原筆畫粗的，加力時，筆要按得重些，減力時，筆要提得高些；原筆畫細的，加力時，筆要按得輕些，減力時，筆要提得少些。都應視具體情況而定。

5.兩條邊線相比，較挺的一邊不加減力。在具體指導中不嫌煩瑣，逐一提到，熟習了就可以不提。走向在變化的一邊，指導得也很具體，這對初學者是必要的。

6.加減力的一邊應該說一側。所以用「某一邊線」，主要是爲了把讀帖和臨寫結合起來，以減省名詞術語。如果用「某一側」的說法，也沒有甚麼不可以。

二、關於寫好間架結構的口訣：

1.所說「呼應」包含的內容很豐富。如點畫和點畫的貫氣，如佔、容、讓，如「實筆虛空」（實筆即寫出的點畫，虛空即點畫以外的留空）的疏密布置，部位位置的挪動，形態的改變，點畫粗細、長短和走向的變化等等，絕大多數是從整個字或從通行、通篇考慮的。而臨習的人，則宜先從整個字去領會這些道理。總之每一筆畫的應粗應細、應長應短，走向如何，都得服從整體的需要。這叫「彼此照顧、互相呼應」。法帖上的字，其點畫，可以說無不合乎「彼此照顧、互相呼應」的要求，臨習時，必須多想想，悟得道理，臨習的收穫就會大大超過只寫不想的人。

2.法書（這裏指的是歷代有很高成就的書法家留下的手迹或碑、帖，合稱法書）的點畫，絕不會作機械的排列。古人說：「點不變，謂之布棋；橫（豎）不變，謂之布算（算，竹製的籌碼）。點畫形態（起筆、收筆形態不同，組細、長短、走向也不完全一樣）有了變化，就不再是機械的排列。同部位的排列，也同樣不能是機械的排列。點畫和部位形態的變化，應根據前後左右的字及其點畫、部位形態而定，不能爲變而變。所以臨習時，不能以不變應萬變，必須隨之而變。一時寫不像是正常的。因爲不同的點畫形態，筆法常常不一樣，不懂得筆法，自然會寫不像，要在力求寫像的要求下學到種種筆法。點畫、部位有變化也不會爲難了。

3.筆勢：包括兩個內容：一是點畫形態，一是內在力度。形態是外在的，而力度是內涵的。寫點畫，要求在寫準點畫形態的同時，表現出內在的力度來。短的不馬虎，長的不飄浮（如撇，從起筆到撇尖，都要筆到墨到力到；如筆行到中段，腕臂不前行，筆管向撇的反方向斜去，以指運筆，便是飄浮）；細的能入紙，粗的不浮腫，都屬力度。不管筆畫粗細、長短、正側、俯仰、向背，都因取勢的需要，不能改變它，而應寫準它。

4.要把內在力度表現出來，還必須在使筆聽指揮的基礎進一步做到「心手如一」，到這一步，便可逐步做到運筆有快有慢而至能疾能澀（這一點有專文附在後面，請仔細閱讀）。

5.臨寫時，有些並不要求馬上做到，但讀帖時，却應該有比臨寫高些的要求，因爲從「心中了了」化成爲「筆下了了」是有過程的。所以口訣中提出「呼應筆勢應分明」，道理就在于此。

第一章　筆畫

漢字由八個基本筆畫組合而成。從基本形態看，挑僅一種，變化也少；橫也只一種，變化稍多；豎有懸針、垂露兩種；撇、捺各有三種；折的形態略少於鈎，是基本點畫中形態最多的兩種；點有橫點、豎點、撇點、挑點之外，由於組合變化之故，所以形態也屬較多的。由這些基本筆畫衍變而成的約近六十種。

要把基本點畫寫準、寫像，首先要「讀」準它，所說「讀」，便是辨認和熟悉。辨認和熟悉基本點畫要從五要領着手。第一，先辨認每一點畫的起筆和收筆的形態；其次，要辨認每一點畫的長短和粗細；最後要辨認每一點畫兩邊線的走向。起筆、收筆、長短、粗細較易辨認，兩邊線走向，有些不很容易辨認，有些較難辨認。但只要仔細觀察，也非十分困難。只有讀準這五要領，便容易寫準、寫像每一點畫。因爲任何一個點畫。基本形態以外的變化，無一能離開五要領的變化。試舉兩字爲例，說明如何讀準點畫形態及其變化。用的是「比較讀帖法」。

「無」字有三橫、四豎（其中一筆寫成撇形）、四點。三橫中的上橫尖斜起筆圓斜收筆，較粗短；中橫尖起，後半漸粗，圓收，較挺；下橫圓斜起筆成覆蓋形。漸行漸粗，末端下垂，圓收，長度爲上橫的二倍，是中橫的一倍不到。四豎成上開下合狀，橫向距離相等，縱向錯落狀。起筆、收筆形態各不相同。中二豎粗細、長度相似，左豎略長較細；右豎寫成撇狀，最長。四點成上合下開狀。左右兩點向左右分張，各自在中橫左右端下落筆。中兩點成相向狀。第二點如挑點而不挑；第三點作豎點而下圓。四點距離相等；上端向右上斜而齊平，下端第三點較低，使四點成錯落之態。這四點與「爲」字六點比較，更見點的寫法也各不相同。「無」字四點都成起筆細帶尖，下粗圓，而「爲」字上兩點均作圓點形，兩點又不相同：左點上圓，尾方、腹稍上凹。「爲」字下四點和「無」下四點都屬固定組合，名「橫四點」。「爲」下四點由於處於包圍之中，所以橫向占位少，點也短小，左兩點與右兩點各自成相向狀。八個點形態各不相同。

「爲」字有兩撇，兩折，一鈎（橫折斜鈎），加上「無」上左短撇更加作一比較。

「無」「爲」左上都有一短撇。「無」上短撇圓起，調整好筆鋒後，筆鋒上移，然後用力撇出，所以下邊線上凹；而「爲」上短撇，逆鋒起筆後，回鋒行筆，下邊線和上邊線都成下彎弧形，而達長撇同「無」字短撇起筆和行筆道理相同，先寫成右向點，回鋒，筆鋒上移，然後用力撇出。兩折，上折橫筆圓起，折處筆斷意連，下折橫筆，方斜起筆；兩折折下後，筆畫較粗，上長下短。橫折斜鈎沒有可以比較的。可以清楚地看出橫細、斜鈎很粗，橫和斜鈎的長度之比爲三比二；橫較平挺而斜鈎帶右突弧形；鈎上平，下成上凹弧形。

從上面這些點畫的辨析看，可以看出：相同的點畫都不完全相同，都有一定的變化。而所有變化，無一能離開五要領。換句話說：五要領中任何一個要領有了變化，點畫形態便不完全相同，五要領全部有變化點畫形態便迥然不同。

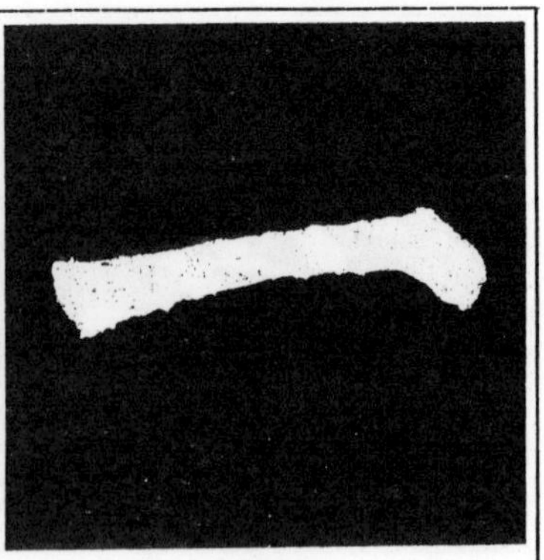

（橫）

《勤禮碑》的橫，只有長短、粗細之別，變化並不很多。長橫有斜方或斜圓的起筆兩種，起筆後，都成先而漸寫漸細，收筆用頓法的特點。頓處大多成尾端下垂的斜圓形。像這一橫的尾端上邊線較平挺，下邊線呈微圓形的而右下邊線不成渾圓形的并不多。

這一橫的寫法：筆鋒從起端左上角着紙，向下偏右下按，筆鋒回到左邊線的中間，調整好筆鋒，再下按，使副毫恰好碰到上下兩邊線，然後向右沿軌迹（點畫的基本走向）行筆。行筆時，上邊線不加力和減力，下邊線邊行筆，邊微弱減力，到最上突處，改爲邊行筆，邊微弱加力直到頓處。筆行到頓處時，筆上提到右上角上突處，然後較用力地向右下角重重下按。下按時，上邊線不另加力或減力，下邊線則於下按後另外加點力又立即減力。到尾端，回鋒收筆。

應注意的是：所有橫，絕大多數都不成水平狀，而是稍向右上斜，成左低右高狀。寫成水平便失勢。

（豎）

豎有垂露、懸針兩種，《勤禮碑》的較短豎和短豎都作垂露豎。變化也不很多。懸針豎，左邊線常較平挺，右邊線走向變化稍多，所以行筆中的加力或減力，大多在右邊線進行。末端成尖收筆，尖端或在尾端中間，或偏於尾端左側；沒有偏在右側的。

這一豎是懸針豎。寫法是：筆鋒從上端左角着紙。一着紙就向下下按，下按時，左邊線不加力，右邊線要用力。下按後，順勢下行。下行時左邊線不加力也不減力，右邊線先稍減力很快轉爲稍加力，又轉爲稍減力，到豎的三分之二處時兩邊線同時減力，但左邊線微微減力，右邊線減力幅度比左邊線稍大，到末端，兩邊線聚合尖收，虛空回鋒收筆（筆鋒到尖端，離開紙面並立即向上在紙上逆行，叫虛空回鋒；如筆鋒不離紙而回鋒叫做「實回」（即「實地回鋒」）。

（撇）

撇分三種，一種是平撇，一種是豎撇，一種是斜撇。平撇常在字的首端出現。

這是平撇。圓頭尖尾，背較平挺，腹部上凹。

筆鋒着紙後，先向左上逆行，在這一撇的三分之一處，轉向右下，沿圓形下按，回鋒，調整好筆鋒，再下按，上下正好碰到兩邊線，迅速向左偏下行筆。行筆時，上邊線不減力也不加力，下邊線迅速減力。到尖端，兩邊線聚合，提筆離紙。

寫撇，必須注意的是，從起筆到收筆，筆桿要始終正直，毫不偏斜。要求寫得筆到、墨到力也到。如筆桿右斜，撇的尾端就成「飄」筆，就是筆力漸漸上浮，墨也漸漸不能入紙，就像飄浮在紙面。這樣的點畫便是無力的，也練不出提按的功夫。

（捺）

捺分三種：斜捺、平捺和反捺是右向點的延長和加粗。有時和右向點較難區分。

這是斜捺。斜捺和平捺都帶「一波三折」狀，即成水波形。因斜捺的起筆常在別的點畫內部，所以第一折有時看不到，不如平捺的一波三折那樣明顯。斜捺常作「燕尾形」。

「大」字的斜捺其起筆是由撇尖貫氣而成。所以書寫時，從撇尖凌空向左偏轉向上再轉向右，成一圓圈形，到捺的起筆處，筆鋒再落紙成一上拱弧形再沿捺的軌迹行筆，邊行筆邊往下邊線重重加力，上邊線不加力也不減力。直到捺出處，下邊線折而向上，筆鋒在上邊線聚合，調整好筆鋒，再下按沿上邊線用力捺出，下邊要迅速減力。到尖端，筆鋒離紙，凌空回鋒收筆。

（點）

點的形態較多，有右向、左向、豎向及挑形點等。點又有許多固定的組合，如「曾頭」、「其尾」、上下、橫三、豎三、橫四點、攢四點等等。固定組合的點，有時可能寫成撇、挑、反捺等形狀，但仍屬點而不作撇、挑、捺等。「主」上一點，是右向點。尖頭、圓尾，背圓、腹平，是很典型的一點。

筆鋒一着紙，立即向右下下按。下按時，下邊線不加力也不減力；上邊線先重重加力，到最突出處，轉爲減力。筆行到尾端，上邊線要沿尾端成圓弧狀一轉，回鋒收筆。

寫出這一點的關鍵：上邊線的加力和減力要均勻自然，其次到尾端必須沿圓邊一轉，不然尾端會成鋸齒形，這一點就寫不好。

（挑）

挑的變化較少，和橫一樣，只有長短，走向的差別。挑一般都較瘦長。

這一挑，斜度較大，較挺勁。方起、尖收。

筆鋒着紙後，即向下輕輕下按。回鋒，調整好筆鋒後，再下按，要使筆毫恰好碰到兩邊線，然後向右偏上行筆。行筆時，上邊線不加力也不減力，下邊線行邊極微弱地減力，直到尖端，兩邊線聚合，提筆離紙，這一挑一定要寫得瘦勁而不能寫得粗，更不能寫成下彎弧形。

寫挑時，筆桿不能偏斜，從起筆到收筆，筆桿都應正直，不然，便成「飄」筆，也練不出提按的功夫。下筆後必須調整好筆鋒，不然便成偏鋒行筆。

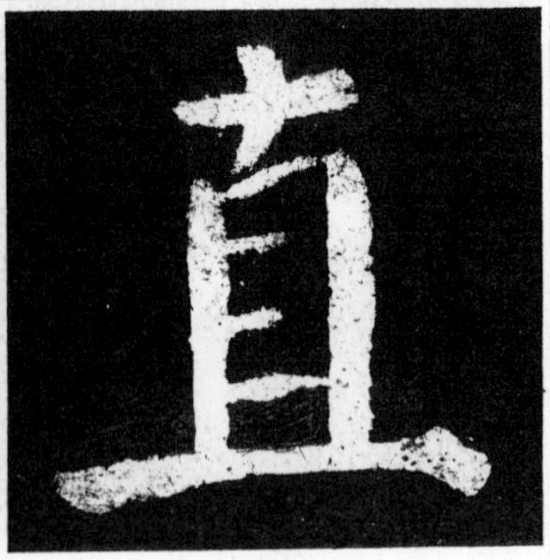

（折之一）

折的形態較多，可歸納爲三大類：橫豎折、撇捺和橫撇折，其餘形態均由這三類中的一類變化而成。由於書法家的個人習慣，常有另一些形態的折，但並不常見。

「直」字中右的一折屬橫豎折。橫很瘦細，豎較粗。橫圓潤，略上拱；折帶圓轉痕迹；豎筆內挺外弧狀態不能忽視。橫是斜圓起筆。右上角微帶上聳之肩。

筆鋒着紙後，即沿軌迹向右偏上行，行筆時，上邊線不加力也不減力，下邊線先微微加力，稍行，立即轉爲極微弱地減力。直到近折處，兩邊線成尖，筆稍上提，僅留鋒尖行向右上角尖端，立即向下行筆。行筆時左邊線不加力減力，右邊線要稍重加力立即轉爲微弱加力，到二分之一處轉爲微弱減力到末端。

（折之二）

玄下有兩折，上折是撇捺折，下折屬撇挑折。

上折圓起；下折方起、方折、尖收。上撇短，下撇長。

上折，筆鋒着紙後，向右上逆按，回鋒，順勢向左下行筆。行筆時，左邊線減力到接近折處時轉爲加力，到末端稍稍回鋒折向右下，下邊線較明顯減力。下折、筆鋒着紙後，不下按，即向右下行筆，到下角回鋒，再下按，然後向左下行筆，上邊線不加力也不減力，下邊線先稍稍減力又轉爲加力，立即又轉爲減力，稍行，不再減力，接近末端，突然明顯減力，稍行，不再減力到末端。兩邊線聚合，行向左邊，向下偏右下按。下按時，左邊線不加力，然後回鋒，調整好筆鋒，再下按，迅速向右行。行筆時，下邊線明顯迅速減力，到尖端，兩邊線聚合，提筆離紙。

（折之三）

「丞」字有兩個折，都屬橫撇折，形態不同。

上折圓起，頓折；下折圓起，換筆下撇。

上折，筆鋒着紙後，立即稍重下按，剛下按，筆向左一扭，向左下，扭向右下，回鋒，調整好筆鋒，再下按，然後迅速向右略偏上行筆，到末端，把筆鋒運向上角，再下按，回鋒，調整好筆鋒，向左下迅速撇出。左折，筆鋒着紙後，向左下按，回鋒，順勢右行，上邊線不減力也不加力，下邊線從微弱減力轉爲迅速減力。到末端，筆鋒運向撇的上端，加力向左下撇出。撇出時，左邊線不加力，也不減力，右邊線，先微弱減力，行到四分之一處時，轉成微弱加力到四分之三處時，又轉爲減力，到末端，兩邊線聚合，回鋒收筆。

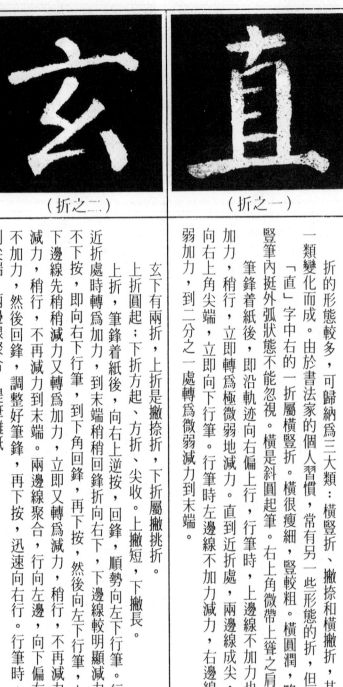

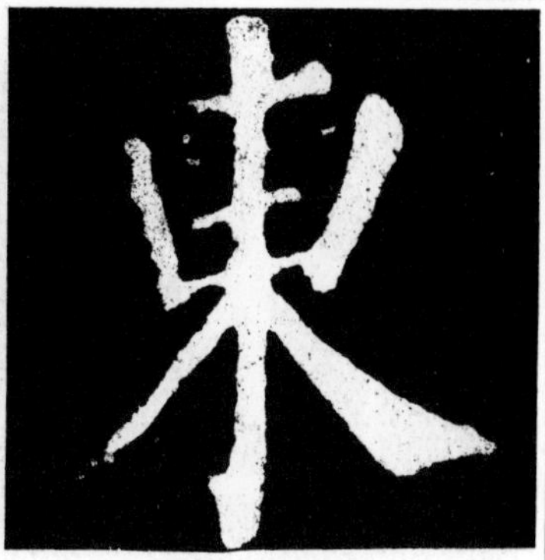

（鈎之一）

鈎的形態最多。這裏列出九種。鈎和折有時較接近，凡帶鈎的，統統作鈎，不帶鈎的，歸于折。

「東」字中間這鈎是豎鈎。圓起尖收，豎筆較挺勁，也較瘦長。

筆鋒着紙後，向上逆行，回鋒下行。左邊線不加力也不減力，直到出鈎處；右邊線先稍加力，到橫處轉爲減力，到第二橫處不再減力，直到五分之四處，又稍加力，稍行，又轉爲微弱減力，直到末端。到末端後，回鋒，稍下按，再出鈎，鈎得很短。另一寫法，筆行到豎鈎的五分之四處時，向下微微偏左行筆，到末端，回鋒，稍下按，再出鈎。

應注意：這豎鈎上端透出上橫超過半公分；半腰恰好在末橫下邊，不能寫短了。

（鈎之二）

「子」字的鈎是豎彎鈎。這一鈎非常粗壯而有力，尤其應該注意的是鈎出處和這鈎。

筆鋒着紙後，逆向下按，回鋒，順勢沿軌迹行筆，行筆時，左邊線不加力也不減力，右邊線邊行邊明顯加力。直到向偏左彎時，可不再加力。到底端，回鋒，向左稍稍行筆，再迅速向下下按，立刻鈎出。出鈎時，下邊線立即明顯減力，到鈎出三分之二處轉成微微加力又立即減力。到鈎尖兩邊線聚合，回鋒收筆。

寫這豎彎鈎應該注意的是，到鈎底端回鋒的地方，應和鈎的起端，正好處在豎中線上，不能超過，也不能不足，這樣能夠保持重心。鈎得要痛快沉着，且應鈎得較長。

（鈎之三）

「芳」字下右這鈎是斜折斜彎鈎。但這一鈎並不彎。

筆鋒從長橫下超過半公分處着紙，向右偏下行筆，約半公分，折向右下，上邊線不加力也不減力。回鋒，調整好筆鋒，再下按，即向下偏左行筆。行筆時，左邊線不加力，也不減力，右邊線微弱減力，直到鈎出處。筆行到鈎出處，右邊線成弧形減力，到底端回鋒，出鈎，鈎得非常短促。如是折下後，形態帶彎形，就是行筆時，按彎形軌迹運行便可以了。

寫這一鈎，應注意的是這個折，既不是頓折，也不是圓轉折，在《勤禮碑》中是很少見的。寫時應體會用筆的方法。

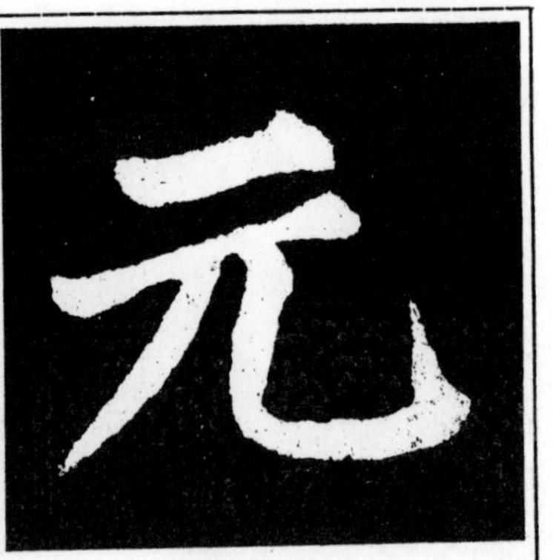

（鈎之四）

「元」字的一鈎是豎折横鈎。應注意的是折處最細；鈎的上邊線平挺，下邊線成兩端上彎弧形。兩端的彎度很對稱。

筆鋒從横內着紙，先向右下按，順勢向下偏左行筆，行筆時，右邊線不加力和減力，左邊線先加力，到最粗處轉爲減力直到右折處。筆右行時，上邊線不加力，也不減力；下邊線加力，到最粗處，轉爲減力，直到鈎底，彎而向右上，回鋒，調整好筆鋒，再下按，向上用力鈎出，出鈎時，左邊線不加力也不減力，右邊線迅速減力。鈎寫得較長。到尖端兩邊線聚合，收筆。

這一鈎，左邊線挺而成垂直狀，右邊線成峻坡形。不能寫成彎曲的形狀，也不能寫成向左傾斜的樣子。這類鈎，大抵都如此。

（鈎之五）

「九」字的鈎是横折弧形彎鈎。「几」這類鈎，由此化出。

筆鋒着紙，向左略偏下逆行，回鋒，順勢向右偏上行筆。行筆時，下邊線不減力，也不加力；上邊線稍減力直到折處。到折處，向上偏右逆行，加力回鋒，順勢沿軌迹下行。下行時，左邊線不加力，也不減力；右邊線微弱減力，直到右彎處。兩邊都圓轉向右。右行時，上邊線不減力也不加力；下邊線邊行邊微弱加力，到最粗處明顯減力，兩邊線同時折向右上，到末端，回鋒，調整好筆鋒，再下按，然後，迅速向上鈎出。出鈎時，左邊線不加力也不減力；右邊線迅速減力。到尖端，兩邊線聚合，收筆。

這一鈎，也寫得較長。要求和豎折横鈎相同。所以出鈎時，一定要痛快、利落，千萬不能稍有猶疑、遲緩。若稍猶疑、遲緩，便寫不出這樣有力的鈎來。

（鈎之六）

「祕」字右下的鈎叫「心鈎」。

尖起、尖收。筆畫很瘦細，而甚有力。

筆鋒着紙後，即順勢沿弧形軌迹行筆。行筆時，上邊線不加力，也不減力；下邊線邊行邊微弱加力。到四分之三處這一段，上下邊都應圓潤。到四分之三處時，不再加力或減，轉向右偏上行筆。到末端，回鋒到鈎出處，順勢出鈎。這鈎細而短，略向左斜，因這鈎尖要向斜撇的起端貫氣，自然就成左偏斜的筆意（附帶提一提：這斜撇要向中上的一點貫氣，所以撇尖微帶不明顯的鈎形。在臨習時，對這些筆意都不能稍有忽視，纔容易把筆畫形態寫像、寫準。這些都是屬于「筆斷意連」的範圍，是很值得注意的。其餘可以類推）

（鈎之七）

「軍」右上的鈎，叫做橫鈎。《勤禮碑》的橫鈎，橫都比較瘦勁，先稍粗、變細，而鈎出時，都很粗。

橫圓起，鈎尖收。

筆鋒着紙後，稍逆行，回鋒沿軌迹右行。橫略帶覆蓋形。行筆時，上邊線不減力和加力，下邊線邊行邊減力。到橫筆末端，把筆鋒運向上角，向右下重按，右邊沿弧形向下偏左行，回鋒到中間，調整好筆鋒再下按，然後迅速向左下出鈎，出鈎時，左邊線不加力也不減力；右邊迅速減力。兩邊線在尖端聚合收筆。

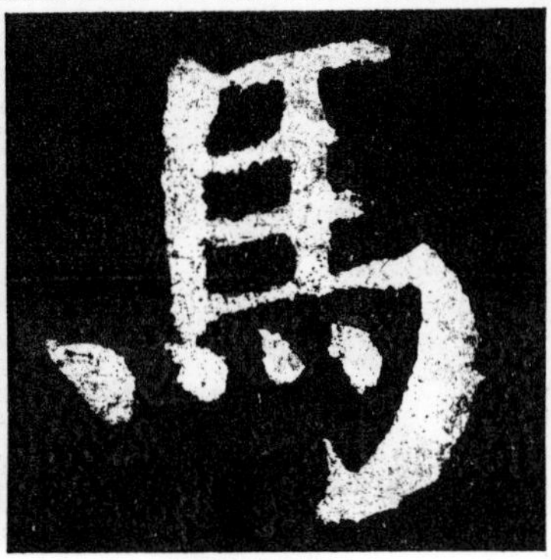

（鈎之八）

「馬」字的一鈎，叫橫折豎彎鈎。如果和左豎連着寫，也叫豎橫連折豎彎鈎。這裏按豎橫連折豎彎鈎的寫法講。

筆鋒着紙後，向右下下按，筆鋒不移動，順勢向下沿軌迹行筆。行筆時左邊線不加力，也不減力；右邊線先明顯減力，到三分之一處改爲微弱減力。到豎筆底端，回鋒，往右行筆。行筆時，下邊線不減力，也不加力，上邊線先明顯減力，稍行，改爲微弱加力，直到折處。到折處時，筆鋒運向上尖角，回鋒，順勢沿軌迹下行。下行時，左邊線不加力，也不減力，右邊線重重加力，到腰部，轉爲減力，到鈎出處，筆行到鈎底，回鋒，調整好筆鋒，用力，迅速向上稍偏左鈎出。因要向左邊第一點貫氣，所以鈎尖稍向左斜。

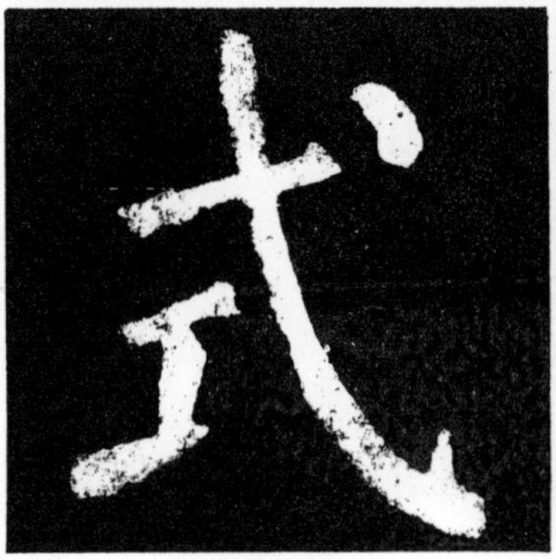

（鈎之九）

「式」字的鈎，叫「戈鈎」。《勤禮碑》的戈鈎，都不粗壯，一般在三分之二處稍稍變粗，都較長。

這筆圓起尖收，鈎向上稍右斜。

筆鋒着紙後，逆上，回鋒沿軌迹下行。下行時，右邊線不加力，也不減力，直到出鈎處；左邊線先微弱減力直到五分之三處轉爲微弱加力，則最粗處又轉力爲微弱減力，到鈎的下部，又轉爲微弱加力，到末端。筆行到末端後，回鋒，到鈎下，然後用力向上稍偏右迅速鈎出。出鈎時，左邊線不加力，也不減力；右邊線迅速減力。到尖端，兩邊線聚合，提筆離紙。

這一筆的起筆，約在離橫上邊線一公分處，再向上逆行，不能過短。鈎出前的回鋒，要回得長一些。一般回鋒，只回到筆畫內部便可以了，而這一筆起碼要回進半公分以上（餘可類推）。

點畫的組合變化

點畫在同一字中時，形態都有一定的變化，這叫「點畫的組合變化」。

由於點有固定的組合，所以點的組合變化最爲突出。有些點畫在同一字內同時出現的機會較少，所以組合變化的例子并不多。這裏要着重介紹的是同一點畫在同一字中出現時，有哪些變化。應瞭解的是：各書法家的點畫形態并不相同，所以變也不能相同。顏眞卿的點畫這樣變，其他書家並不就這樣變。但其變的準則，還是必須共同遵守的。譬如：橫應有仰有覆，豎應有向有背都是共同遵守的。但無論如何變，都離不開「五要領」。

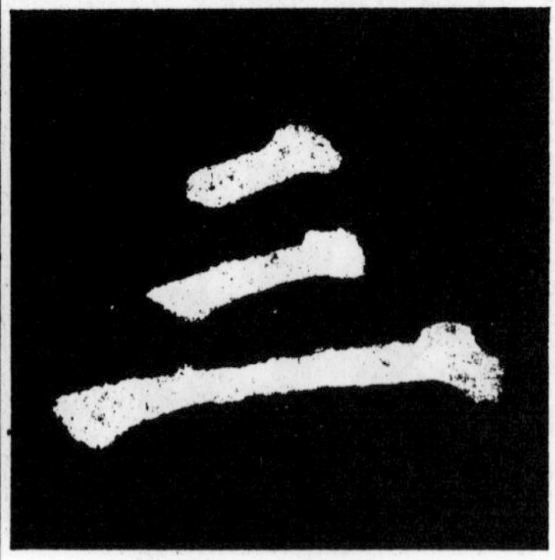

橫的組合變化

三個橫在一個字中時，應使其有仰有覆有平。

這「三」字，由三橫組成，上橫特別向右上斜，且成仰形；中橫稍向右上斜，略細長，比之於下橫又略粗，長度是下橫的二分之一，成覆蓋形；下橫也成覆蓋形，但除兩端較粗壯而下垂外，中段頗平挺，完全符合變化準則的要求。三橫的起筆和收筆形態也各不相同。上橫圓起斜收；中橫斜方起筆，圓收；下橫斜圓起筆，明顯提頓收筆。三橫末端都上突下垂，程度又各不相同。這就使三個橫各具姿態，顯得多姿多彩。這「三」字，橫是以這些姿態組合；另外的「三」字，又另有變化，所以使書法的藝術氣息，尤爲濃烈。

橫的組合變化

「非」字有六個橫組合在一起。左三橫，均寫作「挑」形。作爲橫，這樣的形態，稱之爲右尖橫。右邊三橫見尾不見頭，都用橫法寫，也考慮到仰覆的變化。

左三橫的起筆形態各不相同，六條邊線的走向也各不相同。也具仰覆之態，尾端爲左豎所掩，却可推知是尖形的。右三橫的收筆形態和六條邊線的走向也同樣各不相同。使這六個橫分布在左右，既顯變化之多，且能保持左右平衡。這可說明，點畫變化，不能損害結體，且必須不失平衡。

中開兩豎，左豎挺，右豎成向背之形，也同樣顯得活潑自然。說到豎的變化時，可以參閱「非」字。

橫的組合變化

「奉」字有五橫兩端均處於豎中線左右。因有長捺從豎中線處起筆向左右分張，所以五橫中沒有一筆長橫。這五橫的起筆、收筆，及各自兩邊線的走向都不完全相同。長短、粗細也清清楚楚。仰覆也是分明的。

這五橫上三橫較粗長，下二橫較細短。末橫用左尖橫左長右短，左細右粗，能起左右平衡的作用，上三橫較密集，下二橫較疏朗，上下疏密對照。可以說明，點畫組合變化，不僅點畫形態本身應在「五要領」上作出變化，且應考慮到結體的需要。所以，不是在落筆前便有通盤的考慮，是無法做到這一點的。由此，更可說明點畫的變化，絕非書家信筆書來，而是經過全面考慮的。

橫的組合變化

「華」字有三豎、兩撇、七橫。橫或分左右或處中間，長橫固然各有不同的形態，就是短橫也各具形態。

這七橫都很瘦而有力，即短橫也不稍有馬虎。如上兩橫，左橫方斜起筆，成覆蓋形，尖收；右橫起筆形態不能肯定，收筆成略粗的斜圓形。中兩橫，左橫尖起成棱子形，尖收；右橫也是尖起，上平下微下凸，圓收。三中長橫的變化尤爲明顯。上橫尖圓起筆，中段平挺，尾端下垂圓收，中橫方斜起筆成覆蓋形，末端上平，圓斜收筆；末橫圓起，雖然整個筆畫成覆蓋形，前半段却較挺，末端先上聳後下垂，圓收，寫得較長。至於各橫的組細變化不說也清楚。

豎的組合變化

豎的組合變化，除了前四個要領的變化之外，走向的變化，着重在向背上，如「非」的兩豎；着重在收筆成懸針或垂露形上，如「華」字的兩短豎和一長豎。

「監」字連折的豎筆，共有七豎。短豎有二，在「臣」字中。即使在字中間的短豎，其變化也不馬虎。上豎上粗下細，左邊線較挺，右邊線成三角形右突；下豎稍向左斜較粗壯稍長于上豎。五個中長豎，最值得注意的是左邊的上下兩豎。上豎較粗，豎而腰部左彎，下豎斜而細，腰部右彎，「皿」中兩豎左稍粗而挺，右略細而微彎，都避免了呆板之弊。右邊的折豎明顯右斜，與左豎對應，寫得較粗壯而外邊線微微右突。起筆收筆形態也富有變化。

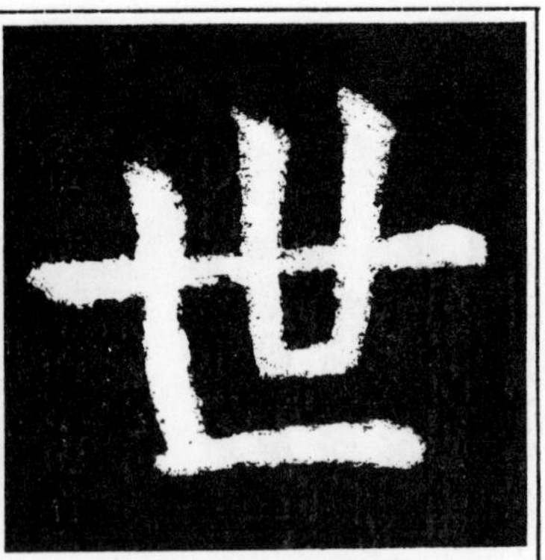

豎的組合變化

「世」字有三豎、三橫。三豎最明顯的變化是左豎和中豎成相從之態，而和右豎成相對之狀。左兩豎中下部向左彎突，彎度不同。左豎上部還先向右彎突，而中豎只有一個彎突，而且兩豎起筆也不一樣，左豎斜圓起筆，中豎斜方起筆；左豎中腰較細，中豎從起筆到末端漸漸變細。右豎起筆和漸細與中豎相同，因下端漸向左斜，外邊線成左凹右突狀，所以也覺富有變化。使這三豎略無呆板之感。

「世」中的長橫看上去非常平挺，細看却成：上邊線微仰、下邊線微覆，絕非用筆平拖而成。這三橫和前面已列舉的橫又各不相同。可見《勤禮碑》點畫之善於變化了。這應附帶提一提。

撇的組合變化

撇的變化極多。相同的撇在同一字中組合出現時，尤能看到變化之多。

「所」字有兩種撇同在一個字中：兩平撇，兩豎撇。

兩平撇：左上一撇作橫的形態出現，但又保持平撇的斜度；右上一撇則屬平撇的通常寫法。兩豎撇：左撇有弧度而不彎，到五分之三處纔漸漸變細尖收；右豎撇則作彎形，上段微微左凹，下段稍成右突，到五分之四處漸細尖收。

古人在點畫組合變化中，允許跨類。如撇可寫成橫，也可寫成鈎（風框的左撇），也可寫成豎（月字的左撇）；捺可寫成點等等，這使點畫形態的變化有更多的餘地。這是值得注意的。

撇的組合變化

「蘇」字有五撇，加上「魚」上的折也作撇形，則可算六撇，但這筆按習慣仍然屬於折。

草頭右邊的短撇和「魚」上左撇，「禾」上平撇、下左的斜撇，以及「魚」身下行的一撇（豎撇）從粗細、長短，走向看，形態變化極爲明顯，可以說無一相同。草頭右邊的撇成彎形，圓起，尖收，但要回鋒收筆，筆畫最粗壯。「魚」、「禾」頭上兩撇，都是圓斜起筆，走向也相同，但長短相差很多。「魚」身一撇作豎撇，「禾」下一撇是斜撇，所以自然不會相同。而這斜撇因避讓需要，所以不應舒展而寫得很短促，從這一撇的變化看，可以知道畫的變化，必須服從「彼此照顧，互相呼應」的要，也就是必須從點畫和部位的搭配、組合的占、容，讓關係出發，纔能得既自然又妥貼。

撇的組合變化

「從」字的撇有五筆。除捺前的一撇恰成兩組，更易對比。雙人上的兩撇，作一長一短、一粗、一細處理；起、收筆寫法也不相同，所以形態也不一樣。上撇，筆鋒着紙後，稍稍右行，再向右下下按，回鋒，調整好筆鋒後，撇出，回鋒收筆；下撇，筆鋒着紙後，稍向上逆行，再向右下下按，回鋒，再下按，再沿上邊線撇出。上撇是上邊線，下撇是下邊線，於撇出時要迅速減力，所以上撇上邊下凹，下撇，下邊上凹。右上部兩撇也是起筆不同，邊線走向不同，而寫出變化。捺前的一撇則是方起尖收，回鋒收筆，寫得最細、最長也最挺。和前兩組的撇一比，又特具獨有的形態，與捺搭配又很相宜。

捺的組合變化

捺有幾筆在一個字中出現的不很多。如林、森、炎、棘、棗等。由於捺所處的地位不同，形態也不相同。所以不能相同，是因避讓的緣故。避讓的大要是上讓下，左讓右，內讓外。從這兩個例字，也可看到這一點。

「述」字內部的「木」右下本是斜捺，但一個字中，兩捺不能同時舒展，如同時舒展，便違反了「捺不雙飛」的避忌要求，所以「木」的斜捺就得「避」，因此改成反捺。這一反捺特別細、短，仔細觀察，當屬「實筆虛空」結構準則中的留空所需，使平捺上部的疏空能左右相應。

捺的組合變化

「楚」字有三捺。上部「林」字雙木各有一筆斜捺，下部「疋」下是一平捺。

「林」字兩捺本來完全一樣，因左捺不宜伸展，按「左讓右」道理，故作避讓或處理，習慣改成右斜點。此字的右捺，也不伸展，是因下有平捺，所以按「上讓下」道理，也作避讓處理，同樣改成點。這兩點，又有變化，形態毫不相同，左點圓短，貼附豎內；左點尖起尖收，離開豎筆，讓下邊的平捺，可以充分舒展，因而覺得妥貼、自然、大方而又平穩。

附帶提一提：兩個「木」字，變化十分明顯，不僅粗細、長短、走走向各不相同，且成錯落高低之態。便避了兩木的呆板之幹。也可見書家落筆之前，便已對各部位的如何安排，已有充分考慮，所以能作出妥貼的變化和安排。

點的組合變化

點的形態較多，一經組合，其變化尤覺豐富。組合後的點，有時寫得近乎撇、挑和反捺，按習慣，仍然稱點，如「曾頭點」「其尾點」「三點水」等。因屬固定組合，所以有固定的名稱。

「曾」字的上兩點，是上開下合的相向點。左點叫右斜點，右點叫撇點。根據名稱，便知道形態必不相同，即使同處字頭的相向兩點，形態也常有變化。

這兩點，左點，筆鋒着紙，輕輕稍逆行，即回鋒稍向下行，立即向右轉向右下下行，到末端，回鋒收筆。點較狹長；右點，逆鋒起筆，一回鋒就向右下，成右突弧形行筆，到右下角回鋒，調整好筆鋒，再下按，然後向左下撇出。撇出時，左邊線減力，右邊線不加力，也不減力。到尖端兩邊線聚合收筆，點較粗壯。

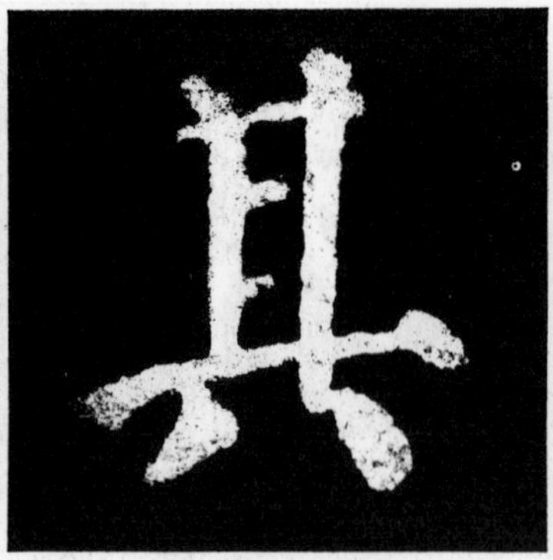

點的組合變化

「其」下兩點叫「其尾點」。這叫「相背點」。說是「其尾點」，其實它可以出現在中部（如「父」字），也可以出現於字頭（如「公」字）。因爲是固定組合的名稱，所以沿用至今。

這兩點由撇點及右斜點組合而成，成上合下開狀。但兩點距稍遠些。如距離小了，就很難起支撐作用。所以兩點的起筆都在兩豎的外邊線之外。寫得都較粗壯。寫到中部和字頭時就要寫得長些。

「其」字有同樣的兩豎，又有長短不等的四横，可供豎的組合和横的組合，如何變化的參考。

點的組合變化

「怡」字左兩點也是固定組合。這叫「相向點」。這組固定組合點的右點，有些書家把它寫成横，讓豎穿横而下；而《勤禮碑》的這右點都不寫成横。

「怡字除了相向點之外，右邊還有一點右斜點。三點形態各異。

相向點的左邊是豎狀的左斜點，圓起圓收，較粗，作束腰形。右點是尖起圓收的右斜點較細短，與右邊的右向點走向、粗細、長短又各不同。

這兩點的組合，左點低，右點高，左點粗長，右點細短；右點成俯視左點之狀；左點離長豎稍遠，右點起筆與豎極靠近，不作呆板排列。

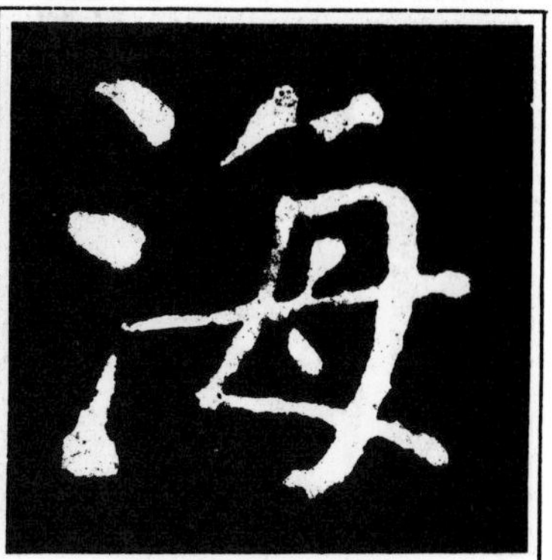

點的組合變化

「海」字有兩組固定組合，一組是「三點水」又叫「豎三點」；一組是「母」內的兩點，叫「上下點」。

「豎三點」也叫「水旁點」，是由兩個右斜點和一個挑點組成。雖是豎向排列，却作左彎弧形，上兩點稍近些，第三點的落筆處，往往是第一、二點落筆距離的一倍。「母」字內的上下點，常由撇點和右向點組成；而在其他字中出現這兩點的組合時，却又並不如此，形態和走向的變化常常較多。

「海」字有五點，其中有三個右斜點，其起筆形態各不相同；尾端雖都作圓形，却又並不完全一樣，這得靠手下的功夫，作出相應的變化了。

點的組合變化

「顏」字有三組固定組合：一組是由三個短撇改成的豎三點；一組是「相向點」，一組是「其尾點」。

「相向點」即「曾頭點」的變化，仍是右斜點和撇點的並列組合，，故仍屬上開下合的並列。

「豎三點」並不落在一條豎線上，而是成左斜狀態。上點作橫點狀，中點略作撇點狀，下點略作挑點的樣子，因三點處在框廓之內，所以寫得都較細短，三點間距基本相等。

「其尾點」，因處於右部位的下部，所以左邊的撇點壓縮得比較短小，而右邊的右斜點仍較粗壯，這是出於平衡和疏密關係的考慮而作出的變化。說明了點畫形態的變化，必須服從結體的需要；而平衡和疏密是結體準則中極爲重要的兩點。

點的組合變化

「州」字中的三點叫「橫三點」；也叫「合三點」。

「橫三點」有幾種，一種就是三點都成相從狀，如此字的三點，左右各作挑點狀，中點是右斜右點。一種是末點作撇點，前兩點作相從狀，木一點作相向狀。一種是三點都是右斜點，都成相從狀，起筆都處在一條平線上。

「州」字的三點，左右點作挑點狀，中點成右斜方點，粗細、長短、走向各不相同，這就顯得靈活多變。特別中點貫向中豎，有挑意而不出鋒，更覺恰當，如三點都作出鋒的挑點，立即便會變得很呆板。

點的組合變化

「將」字右上三點也是「橫三點」中的一種，前兩點都是右斜點，末點作撇點，前兩點相從，末一點相向，收筆都處在一條平線上。三點挨次漸粗。右下又有一個右斜點，寫得較爲粗重。

這橫三點的末點，許多書家都改寫成較長的斜撇，《勤禮碑》則都寫較短促的撇點，撇出時，也很含蓄表現了《勤禮碑》的特點。這字中的三個右斜點又各具形態。三點都是逆鋒起筆，回鋒收筆。左點和中點都較豎，下點較斜。右點背圓，腹上凹，似乎這點是彎點；中點腹背都成圓形，右上角有挑意；而下點則屬常見的蒜瓣形右斜點，而且都很自然，和整體都很相稱。這三點和上短撇較接近，和下橫距離較大。

點的組合變化

「必」字的點，不屬於「橫三點」。有人稱它爲「必」三點，可能是由于這三點的排列形態，只出現於「必」這一個字之故。「祕」字左部位又有一點。此字共有四點。而右三點屬固定組合。

這三點的末端走向，因筆順而定。「必」字的筆順，通常是：中點、心鈎、斜撇，左點、右點。由此，仔細觀察，可以看出《勤禮碑》的筆順同樣如此。中點是圓起圓收的右斜點，半腰下，左邊線微露貫向彎鈎起端的筆意。撇的貫氣趨向不明顯，但左點貫向右點則較清楚。所以中、右兩點，儘管都是右斜點，形態必有區別。從這，可以看出點畫形態的變化，和承上一筆而來。向下一筆而去的貫氣要求是密不可分的。上幾個例字，形態變化也可證明這一點。

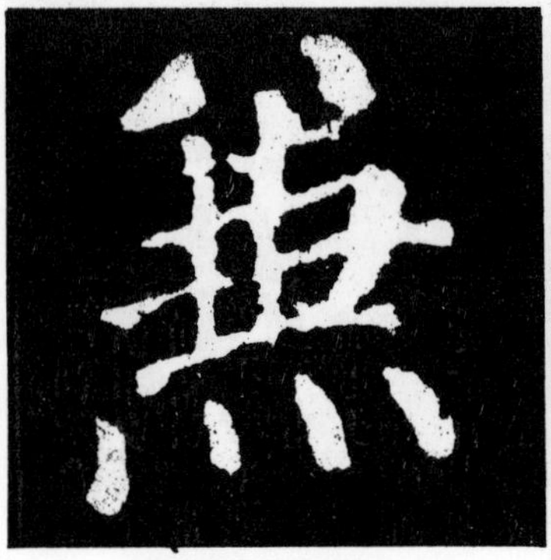

點的組合變化

「兼」字，本來其中間是兩長豎，左右各一點，《勤禮碑》的「兼」字，中兩豎總是縮短，下部都寫成「橫四點」。此字有兩組點，字頭是「相背點」中的「其尾點」；字底是「橫四點」。

「橫四點」有兩種，一種是右有框廓，四點大多成相從狀，首點粗於末點，或首點最粗壯。一種是左右兩點成相對狀，且較其他兩點粗長些。

此字的「橫四點」屬後一種，左點作豎點而左彎（或作左斜點）寫得較長；右點是右斜點，較粗長。中兩點也作右斜點，形態又有一定變化。四個點的上端在一個平面上，而下端稍有高低。

字頭的「相背點」形態自然各異，但右斜點腰下有貫向下橫筆意與下部末點形態也不完全相同。

點的組合變化

「魯」字中部爲「橫四點」，也屬於左右兩點較粗長而作相向狀的一種。此字的四點，左三點都較瘦細，右邊的右斜點顯得粗長。大點雖瘦却也較長，作左斜狀與右點相向；第二點與第三點也作相向狀。四點距離都較大，而且基本相等；上下端都成高低錯落之狀。

「魚」字，楷書通常寫作下四點，此字，《勤禮碑》也作通常寫法，但在「蘇」字中，却又作篆書結構，作「火」字形，一撇和「田」中一豎相連。這是點畫形態變化中的另一種。這是結構法需要而作出的變化。并非完全決定於書家個人的愛好。

點的組合變化

「爲」字中的「橫四點」，是屬於右上有框廓的一種，所以四點挨次縮小。但此字的四點明顯向右上斜，上下邊都極整齊，和「馬」下四點不一樣。說明同樣一種組合，也應根據所處地位，作出不同的變化和處理，這樣的變化纔不致呆板。

這四點都作右斜點，粗細變化之外，起筆、收筆形態不完全相同，邊線加力、減力所在也不相同，這就使這四點顯得富於變化。

此字上部還有兩點，與下四點的形態無一相同。也足見書家們手下的功力了。要做到這一步，除了善於運筆外，還必須先做到「意在筆先」。否則，極難變得如此自然。

點的組合變化

「隷」（隸）字，有兩組固定組合的點：一組是左下部位的「相向點」或叫「左右點」；一組是右下部位「米」字的四點。這四點叫做「攢四點」。因爲四點所向似有一個中心，成了四個點向中心攢聚的樣子。由於這四點較多處於豎線豎鈎的左右，所以也有人稱之爲「兩對點」。

這四點，通常是上兩點稍細短而靠近，下兩點較粗長而相遠。但其形態都有向中心攢聚的樣子。因而這四點即使不作變化，形態也必不同。

此字除「攢四點」外，還有一組相向的左右點及右上部位的單點。這七個點，有三個大小相近的右斜點，由于起收筆不同，邊線加減力不同，所以形態也不相同。

點的組合變化

「翰」字中的四點，也是固定組合，這纔是「兩對點」。因爲這四點出現時，總是兩兩成對的。

此字的四點，有三點成橫向點，只右下一點是挑點。由於各自處於框廓之內，所以寫得都較短小。左右處於水平狀。

三個橫向點，起筆都成順鋒，（即筆鋒一着紙，就順向行筆）的尖形。起筆後，兩邊線的加力或減力却不相同，收筆又不一樣，所以形態自然產生了變化。但這四點，上下點都不處於同一豎線上，左兩點，上點偏右，下點稍偏左；右兩點，上點偏左，下點偏右，成不規則排列，所以一點都沒有呆板的樣子。

折的組合變化

折的組合變化不多。這裏所舉四個例字，幾乎包括了所有折的組合變化。「走之」，左點下的折，還沒有發現組合在一起的，不在組合變化之列。

「曺」（曹）字上下各有一折。其變化是：上折的横筆成覆蓋形，豎向左傾斜和下折的横筆成仰狀，豎筆先豎後彎，已是極明顯的變化。再從折處看，都用的是折法，寫到横的末端，筆鋒都向上角運行，上折重重向右下下按後，右邊線於下行時要減力，所以筆畫變細；下折按得較輕，下行時，略成右突弧度行筆，兩邊線都不加減力。所以兩折雖然是同樣的折，形態却顯然不同。《勤禮碑》，凡是這樣的折在上下出現時，都作這樣的變化。

折的組合變化

「叅」（參）字上有三個「撇挑折」（另有四個點，可作點的變化的參考）。按通常的道理，相同的部位在上下或左右組合時，應該上讓下，左讓右。但參字却不然，倒是下讓上，右讓左。上折占住又高又寬，左折占位也比右折占住高和寬。這說明占讓也應服從一個字的整體需要，不能生搬硬套。

從高低寬窄者，這三折已有變化，再從三撇、三挑的起筆、收筆形態和各自的走向看，又各不相同，再加上上和右點（左折的點和下撇連成一筆）的形態，更覺變化多端了。必須注意的是「撇挑折」挑的起筆不要寫成方斜狀，而且應較明顯地比撇尖左伸，不使挑的起筆的下角縮在挑尖下面或右邊。

折的組合變化

「朙」（明）字中左部位有四折（月字的是鈎，不是折），除大框的折和「曹」字的折屬於同一類之外，還有三折。而三折中的下一折，也屬外框折的變化外，新出現的是兩個折。

這兩個折，左邊的是「豎左折」、右邊的是豎右折。在《勤禮碑》中，這樣的左右折還在「陵」字中出現，却已變成「豎左鈎」「豎右鈎」的形狀。在「陸」字中，又成豎折帶有鈎形。從這兩折看變化，還應另找同類的來比較。限於篇幅，這裏沒有把別的字編進來，只是在這裏提一提。

還有兩個橫折豎的折，除在本字看它的變化外，還應同前面許多字的同類折作些比較，更可以看出無窮的變化來。

折的組合變化

「經」字左部位的撇、挑折，可與「參」字三個折參看。新的有右部位的三個同樣的折。這類折，還沒有名稱，但常見的是三折組合在一起。

先說左部位的「撇挑折」，上折成了撇加點的折。這是這類折上下組合時的較通常的變法，幾乎所有書家都作這樣的變化，這可以進一步證明點畫形態的變化有時是跨類的。

再說這橫向三折的組合，雖然同屬撇和點連成，一筆的折，由于起筆，轉折、收筆和各自兩邊線的走向以及加力或減力的不同，使三折的形態各不相同；除此，三折的上下端也不處於等高的地位，而是中折高，左右兩折低，更增變化的色彩。

鈎的組合變化

鈎的形態雖然很多，但鈎的組合變化，僅僅略多於挑的組合變化。這裏只舉兩豎鈎的組合爲例，以見同樣的筆畫組合時，必有變化。

左部位下部有一豎鈎，右部位有一豎鈎。由于所處地位不同，長短自然不等。且不說長短的變化，可先看鈎部的不同。短鈎到鈎出處纔稍稍左彎，而長鈎到出鈎處之前便開如左彎；短鈎的鈎很短，上邊較平；長鈎的彎又瘦又長，且斜向左上，這一變化非常明顯。

再從豎筆來看，兩豎都較挺，但短鈎起筆不重按，下行時，左邊線減力，所以上肥下瘦；長鈎的豎筆下按後，調整好筆鋒再下行，先是兩邊線都微微減力，近橫變成微微加力，過橫不再加減力，所以橫上稍瘦而橫下較粗。變化顯然。

獨體字的臨習

獨體字也稱單部位結構。主要是點畫和點畫的組合，有些是點畫和部位的組合；只有少數是部位和部位的組合，但部位已不能獨立。

獨體字的臨習，首先是在認識並寫準、寫像點畫的基礎上，作進一步的鞏固；其次是爲了過渡到合體字的臨習。只要有了點畫的搭配和組合，便產生了結構法。漢字只一筆的，僅有「乙、一」兩字，除此便都有結構的要求。臨習結構也宜循序漸進，先簡後繁，先單純後複雜。所以編排了獨體字的臨習。

獨體字雖然比合體字簡單，但要求絕不比合體字低。偏側、敧斜的字，狹長、短小的字，孤單的，大都在獨體字之中。千萬不能因其簡單而忽視之。

臨習獨體字也必須嚴按要口訣要求去做。如點畫或部位縱橫佔位多少，內部如何聯繫，都必須在讀帖時，做到心中有數，再動筆臨習，一點都馬虎不得。

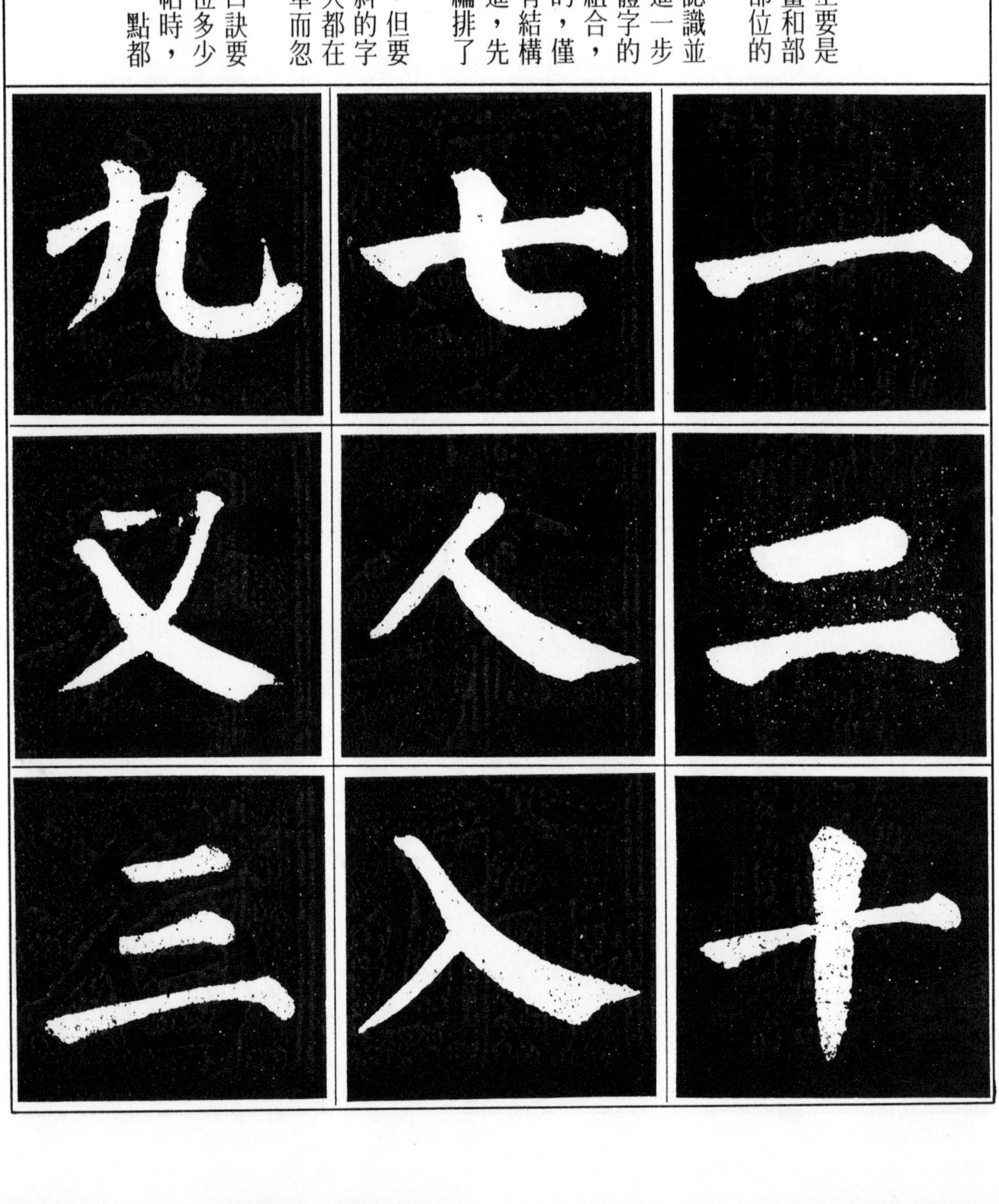

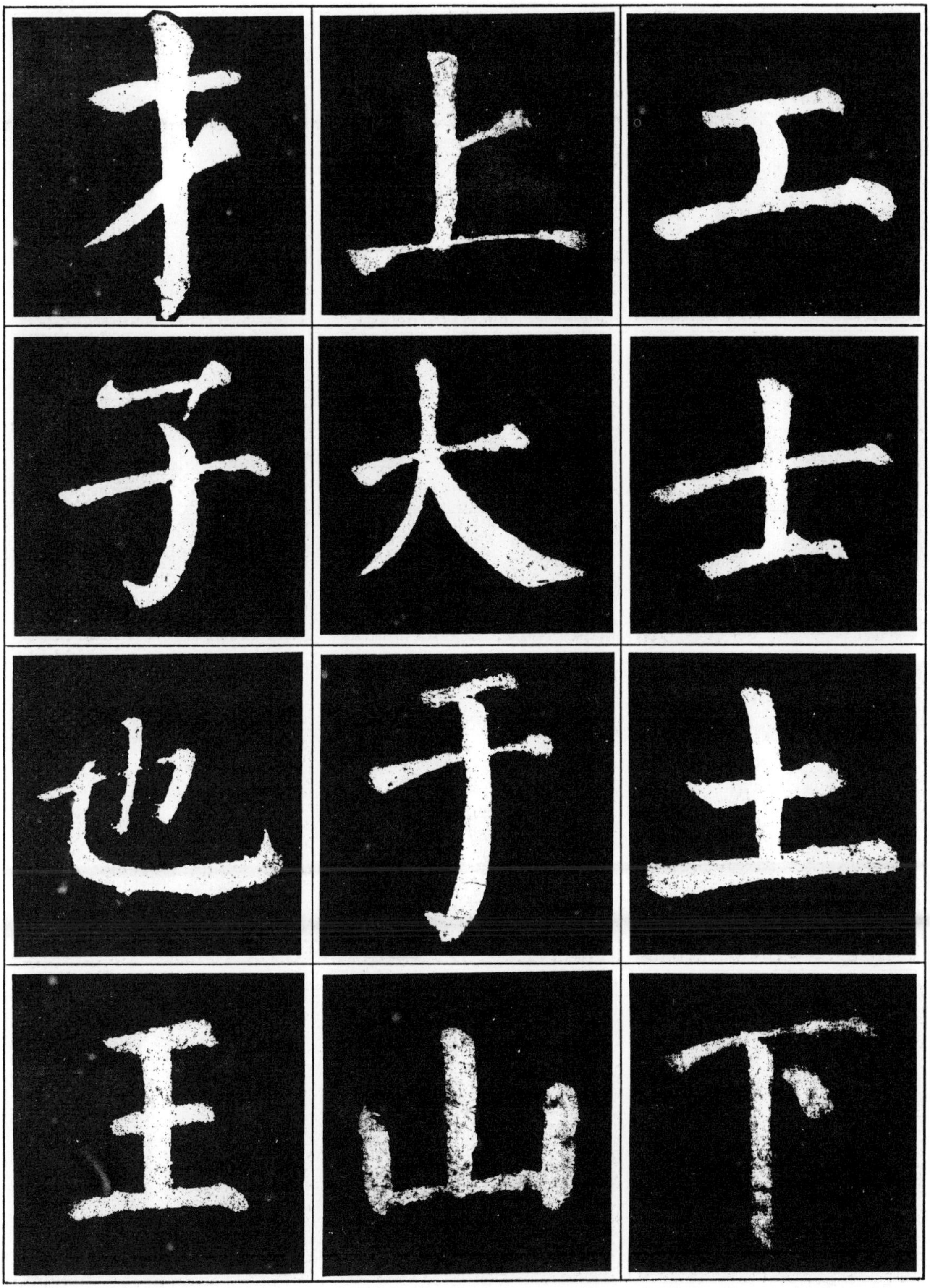
才
上
工
子
大
士
也
于
土
王
山
下

夫
天
元
不
太
尤
五
中
内
牛
中
手

月
文
父
六
之
云
少
水
正
平

世
未
史
氏
天
及
主
吏
先
自
玄
華

赤
南
里
言
其
直
幸
具
長
貞
馬
無

東
東
求
事
弟
弟
南
南
爲
爲
業
業

第二章 結 體

結體，又稱結字，俗稱間架結構，簡稱間架或結構。指的是點畫（部位）的搭配、組合成字，也包含着組合成字必須同時考慮的疏密關係——「實筆和虛白」的分布。如寫不準點畫，結體必受影響。可以肯定地說：點畫形態——起筆、收筆以及長短、粗細和走向，也即「筆勢」，是決定結體的高低、寬窄、穩險和是否有力諸方面的。寫不準點畫，絕不可能領會到字的精神。因此，結體的臨習，必須放到點畫臨習鞏固之後。臨習好點畫，是為臨習結體服務的。

結體的形式有兩大類。一類是單部位的獨體字，一類是合體字。合體字又分三種：左右結構、上下結構和框廓結構。由于組合形式不同，所以各部位所處的位置常不相同，各部位縱向、橫所佔的地位也會不同；佔、容、讓的關係隨之發生變化。如以「木」和「日」的組合為例。木如穿日而過，是「東」字，兩部位成了不能分離的獨體字。日字橫向佔位大為增加；木字縱向佔位同樣必須增加，而撇和捺自然大大降低。如果組合成「杲」和「杳」字，這兩個部位的縱橫向佔位又會產生變化。如這兩字作為左邊旁，如「時、相」等，其縱橫佔位和形態也要隨之變化。

按結體臨習的口訣認眞臨習，效果是顯著的。不過，縱位如何能夠準確呢？這主要靠目測。目測有兩種方法：一是以這一點畫或部位和同一字內的另一點畫和部位進行比較，以確定彼此的縱橫佔位各是多少；一是找參照物來確定。有些人如果一時不習慣，總感沒有把握，也不妨借助工具，如用毫米尺量，用自來火梗之類梗子比一比。若嫌這樣做麻煩，那麼，可以畫張「小方格」，用小方格蓋在字上，確定每一點畫和部位的縱橫佔位，不僅方便，而且十分準確。用明角片或薄的有機玻璃，透明的玻璃紙或塑料薄膜，在上面畫上小方格備用（關於小方格及使用說明，將在下一頁介紹）。小方格比起「九宮格」、「回字格」、「田字格」和「米字格」都好。但是，千萬不能養成依賴工具的習慣。只能在覺得目測實在沒有把握時纔用一用。主要還應訓練和提高目測能力。可使用這一辦法進行訓練：先進行目測、記住各部位的縱橫佔位各約多少毫米或各部位縱向佔位比例和橫向佔位比例各約多少，然後用小方格去測定，看到差距；再目測。幾次調整下來，目測能力便會逐步提高，直到可以不用小方格。

從橫佔位準確了，一般說，筆勢和呼應關係也會寫準、寫好的。如果寫得不準，應從點畫的長短、粗細和走向上逐一檢查，尤其是起筆和收筆的形態（筆勢將專有《貫氣筆勢與疾澀例說》一文，請細讀）。

寫到自己覺到有點把握了，還應該用這十四字訣，逐一對照檢查。這一功夫是必須認眞下的。一是爲了找出不足，以利進一步提高；其次是可以使每一字在記憶中尤爲清晰。因爲臨習還有高一層次的要求。對臨（攤開字帖，照着寫）得好，固然值得高興，但還不算把這本字帖臨習到手。要眞正把這本字帖臨習到手，還必須進入背臨（不攤開字帖，按記憶中的字臨着寫），而且也像對臨時一樣地「臨」得好。到這一步，應該換帖臨寫了。

一下子進入背臨是不容易的，可以采用過渡的辦法。這裏介紹幾種辦法。每次可面臨若干字，再背臨剛剛面臨過的字。隨着熟習程度，逐步增加字數。或每次先看一看字帖再背臨若干字，然後在背臨好的字下或右邊再面臨這些字，用以檢查、對照，找出毛病，再背臨。或專門找同一字背臨，臨出各種變化所在，再面臨，……。

辦法，可以根據各人的具體情況，找出合用的；也不必拘泥於一種。總之，要使自己的臨習能進入眞正背得好的一步。進入結體臨習，便得先有這一思想準備。

小方格的使用與說明

蓋在「郎」字上的便是小方格。左邊和上邊有兩種序數，可以用也可以不用，看熟練程度而定。

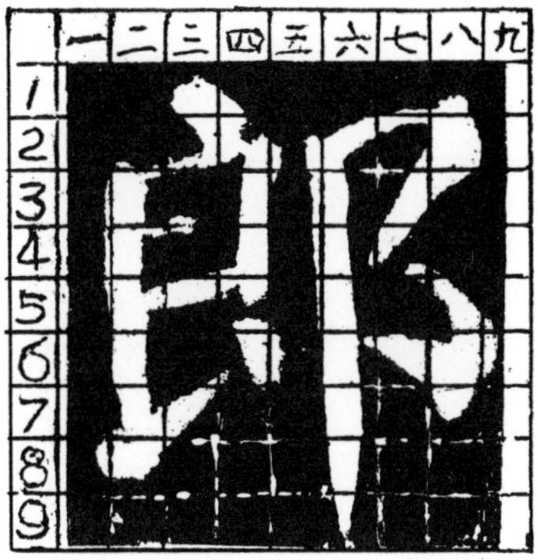

「郎」字是單純的左右結構，從小方格中，先看左右兩部位各自的縱橫佔位。先看左部位。左部位縱向佔位是七格半，橫向佔位是四格；而右部位縱向佔位是八格，橫向佔位也是四格，可知左右部位橫向佔位相等；縱向佔位，右部位比左部位長半格。左部位的上端（最高的是折的右角）比右部位低約半格，可見下端要比左部位低約一格（豎的尖和左挑的起筆處比）。這樣，兩部位的縱橫佔位問題已經解決。還要進一步，測定兩部位各個點畫的縱橫佔位及其所處位置。先看左部位字頭的點。從左上到右下斜，長約一格半，高也一格半，較粗略成長形，偏於右。第二筆橫豎折，從二、**3**的左、上邊起筆，向右上斜到四的右邊**2**的中部下折。折時，透到五、**2**的左下角，右邊線左彎後沿四的右邊線下行約兩格半收筆。第三筆的短橫從二的中部**4**的上邊起筆，上邊線加力到三中部**3**下邊線上面回鋒收筆。末橫從二、**5**的中部起筆，稍上斜，到和折豎粘連收筆。左長豎從二左邊內部**2**的下邊線起筆，左邊過**3**、**4**進**5**時，已貼二的左邊線下行，進**7**時，彎向右，下端在二的中間，**7**的中部停止。挑從一的中間，**8**的上右邊逆鋒起筆向右上挑出，下邊線明顯減力直到四、**6**的左下角收筆。點從四的中右，**5**的下邊線之上起筆向下偏右下按到四、**7**的右下角回鋒收筆。再看右部位，折從六的右邊線**2**的左下角上部斜起成覆蓋弧形向右偏上行筆，到八、**1**的左下角，再以筆鋒行向八的中間下邊，**1**的下邊線上面向右偏下下按到八和**2**的近右下角回鋒，再向左下撇出，直到六和**4**的右下角稍高處收筆，下一折從七的下邊線、**4**的中間起筆向右下行筆，行約一格下按，右邊到九和**5**的左下角，左邊線到八的中間偏左、**5**的中間向下稍稍偏右下行到八和**6**左上角折向左，到六、**6**的右上角稍下收筆。右邊線則從九和**5**的左下角成圓形向左下角下按，到八和**7**的中間上部再向左偏上鈎出，下邊成上突弧形到尖端收筆。末了一豎，從五的右邊線附近**2**的中間偏上成斜面起筆，向下偏右行筆，直到六的中間**9**的中下尖收。這樣嚴格地寫，這字的結體便寫好了。

寫來似乎非常嚕嗦，其實目測也有這過程，只是要迅速得多。對於初臨結體的人，這是必要的過程，隨着日漸熟這過程，也能大大簡省。這裏只是作一次目測的示範說明。姑且作爲一種參考，似乎還是必要的。初學者，應耐心地讀一讀。

結體形式和特點

一、獨體字：

這部份是作爲結體形式而編入的。臨習到這一部份，重點應放在點畫（部位）與點畫（部位）的組合上。一要吃準點畫（部位）的縱橫佔位，二要領會點畫（部位）的組合關係。獨體字中敧側、偏斜、狹長、短小的字最集中，所以結體要求決不比合體字低。古人對獨體字的結體提出了一些心得和要求，雖然不一定從顏體總結出來的經驗談，但其道理，仍然適用於顏體，所以提供部份要求供臨習時參考。有些並加以解釋，有些則提出編者的意見。

這些都是點畫偏斜的字。古人說：「偏者還須偏稱」。意思是各個偏斜的點畫，彼此應該相稱，能使左右不失去平衡。寫偏斜點畫的字時，更應注意到「彼此照顧，互相呼應」。重心便能平穩。

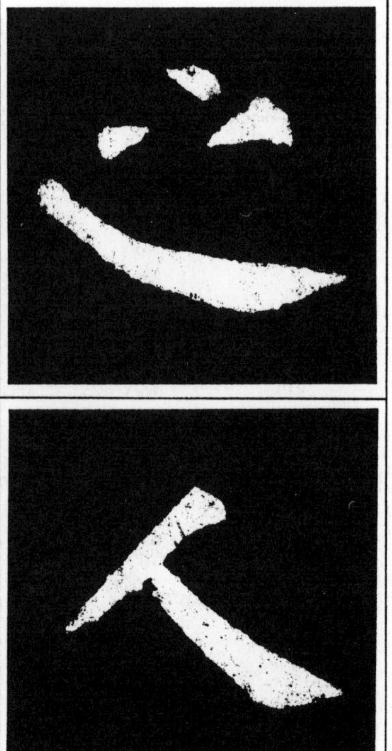

這些都是有傾斜點畫的字。古人說：「斜者雖斜，而其中要取方正」。「少」字中短豎和左右點取正，「又」，聳右肩，右腳低，使傾斜得到平穩。「子」字的豎彎鉤起筆與鉤底同處豎中線上，這字也得平穩。

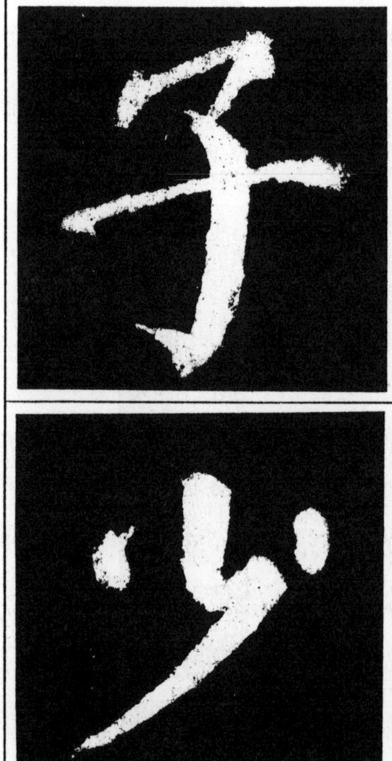

這些字點畫不超過兩筆叫做孤。「孤者畫孤，而惟患於輕浮枯瘦」。意思是點畫要豐潤粗壯些，顏字有時寫得不粗壯，但不枯不瘦；如枯瘦了，便覺單薄，和通篇的字不能協調。所以寫「孤」的字，寧願豐潤些。

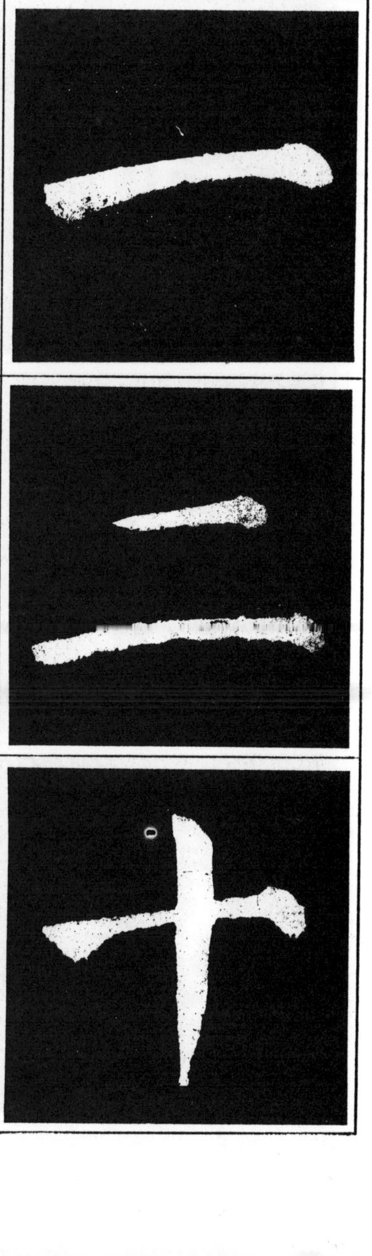

這些字都較長。古人說：「長者原不喜短」。意思是凡是應該寫得長些的字，寫短了，就不自然，大方。所以必須要寫得長些，不能任意縮短。當然也不能因屬長的字，有意再增長。

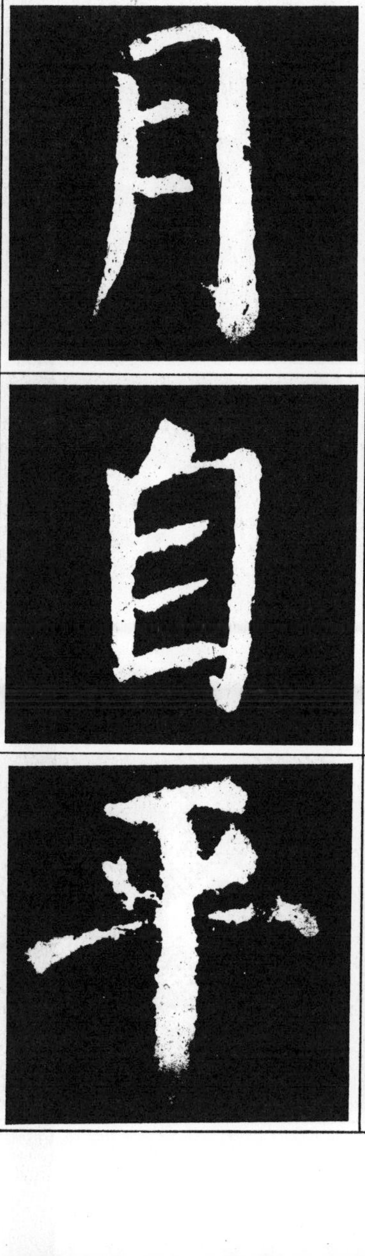

這些都屬正的字。古人說：「正者已正，而四方無使餘偏」。意思是端端正正的字，已經很端正，從四面八方看，都不能和字身有不調和的偏斜、攲側的點畫形態出現。點畫的仰覆，向背。點居中都不屬偏斜、攲側。

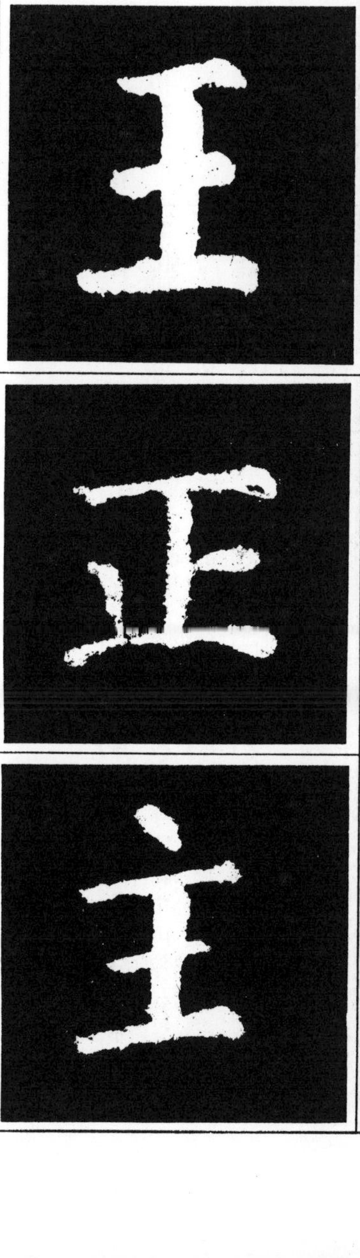

二、合體字的三種組合形式：

1.左右結構：也寫作左（中）右結構。是由部位（點畫）和部位成橫向組合的一種結構形式。其中可以包含其他結構形式，但以橫向組合爲主。《勤禮碑》的字，連橫向三部位（有極少數的字成橫向四部位組合，如「洲、酬」等）組合的字，也極少取橫勢的。這主要是佔、容、讓的處理而成的。除了應按寫好結體的口訣：「縱橫佔位力求準，呼應、筆勢應分明」認眞臨習外，還應注意到整個字的布白——即疏密分布的安排。

對於左右結構的字，古人也留下一些心得體會。有些則提出編者的意見。

疏密較勻稱的字。古人說：分疆，取左右平而無讓。如兩人並相立之形。」王羲之說：「平穩爲本，分間布白，上下齊平，均其體勢。大者促之令大，小者縱之令大，自然寬狹得所，不失其宜。」二、三字各含上下結構。

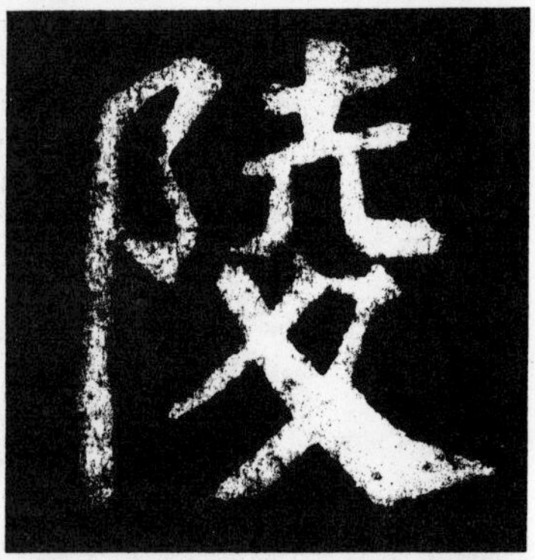

左密右疏。這三字都屬「右佔地步」的字，「要右邊寬而畫瘦，左邊窄而畫肥」。《勤禮碑》左邊筆畫不一定肥，右邊筆畫不一定瘦。要根據具體的部位，畫該肥則肥，該瘦則瘦，不能機械理解。「時」含上下。

左疏右密的字。也是右佔地步的字。可以看出筆畫少，結構簡單的字，筆畫常稍粗壯些；筆畫多，結構繁的部位，筆畫要瘦細些。這也要看具體部位而定，不能機械理解。

「優」字右部位包含上下結構。

疏密不稱的字，「河」字上密下疏，上下疏密對比，「祕」字中間上下疏，成上下、左右疏密對稱的布局。「敏」字上部疏，下密，也成對稱。疏密有對比或能對稱，則疏者不疏，密者不密。

「敏」字左部位含上下結構。

這三字，是橫向三部位，即左中右組合的字。「三匀」中說：「取中間正而勿偏，若左右致拱揖之狀」。「左右致拱揖之狀」是指左右部位要和中間部位有緊密的聯繫，關係纔能緊密。

「衛」字中部含上中下結構。

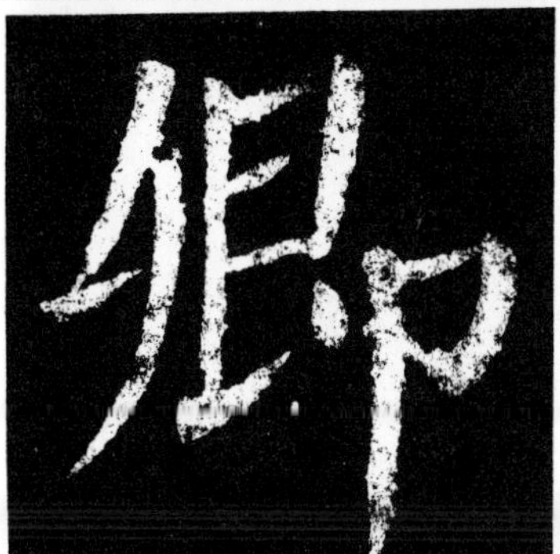

2.上下結構：也寫作上（中）下結構。是由部位（點畫）和部位（點畫）成縱向組合的一種結構形式。其中可以包含其他結構形式，但以縱向組合爲主。《勤禮碑》的字，縱向組合，常取縱勢（長方形）。縱向組合，有時多到五個部位，四部位是常見的。因佔、容、讓關係處理得很得當，所以即使五部位作縱向組合時，也不覺過長。

上下結構也和左右結構一樣有單純的雙部位結構，三部位（到五部位）結構，也有含有其他結構的多部位結構。臨習時，同樣必須認眞按照寫好結體的口訣：「縱橫佔位力求準、呼應、筆勢應分明」，還應注意到整個字的布白——即疏密分布的安排。上下結構的字，要求上下要相稱，左右要平衡。

對於上下結構的字，古人也留下一些心得體會，有些則提出編者的意見。

這三字屬「天覆」的字。「要上面蓋盡下面」，「宜上清而下濁」。上應清、下不一定濁（即點畫不粗肥）。《勤禮碑》點畫雖很豐滿，但並不一味粗壯，豎比橫粗，但仍然有粗有細，該粗則粗，該瘦則瘦。

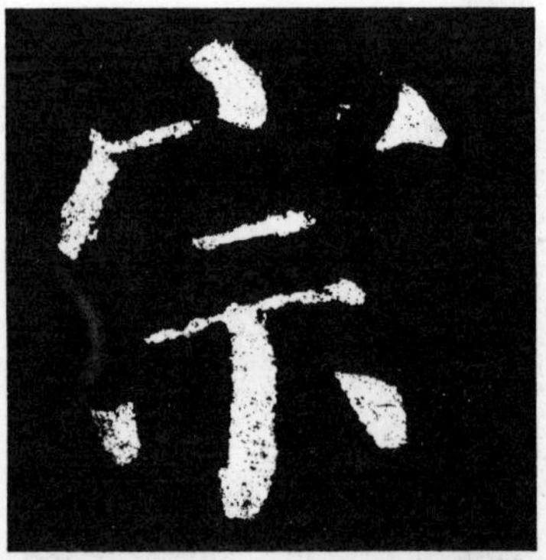

這三字也是上部位要全部覆蓋下面各部位的字，各部位筆畫的粗細也隨字而定。如「令」字全部都較粗，「命」字全部都較瘦，便是很清楚的說明。點畫的粗細，要和整個字相稱。

「命」字下含左右結構。

這三個字都屬「地載」的字。古人說：「地載，要下畫托得起上畫」。宜上輕而下重」。重，不一定是筆畫粗壯，是指份量要重。大部份量重，就能穩定。但這輕重，也應該力求相稱。與「字」上部含左中右結構，「監」字上部含左右結構。

這三個字都屬上窄下寬長的字。下部位有宜於向左右伸展的筆畫，上部應該作適當的壓縮如「定」字，寶蓋頭不作充分的伸展，便因要讓下部位有舒展的機會，下部位得到舒展，這字就覺得很穩定。

這些字，是上下同寬的例子。《勤禮碑》的字，常常不故作安排，應寬則寬，宜狹則狹，如「軍」字和「寧」字便是很好的說明。結體着重於各部位配合妥當，自然就變大方，「寧」字是縱向四部位結構，「楚」字上部位是左右結構。

3.框廓結構：這一結構有好多個名稱：包圍結構，披覆結構和內外結構。

這一結構的特點是其組合關係既非橫向的，也非縱向的。從下列名稱可以看出這是和左右、上下結構都不相同的組合關係，它的名稱有「左上框廓（或叫左上包圍、左上披覆，下可類推）、左下框廓、上左下框廓、右上框廓、上右框廓、左下右框廓、四面框廓和雙重框廓」等。可以看出：這類字的部位（點畫）組合關係是框廓和內部的關係。內部可以包含其他組合形式。臨習這類字應特別注意內部各部位是如何避讓的，內外之間是如何彼此照顧呼應的。

左上框廓。有些框廓橫向佔位寬，如「厚」，則內部部位必須移向右邊。有些縱向、橫向各佔一定地位，如「有」則內部的部位必然壓縮縱橫向佔位。其餘可以據此類推。

左上框廓，在框廓字中佔的比例很大。本行的框廓上部不是都能覆蓋住內部（只君字，上下都超過內部的「口」字）。所以框廓能否包圍內部，也看具體字例而定，不能勉強。組合必須自然妥貼、大方。

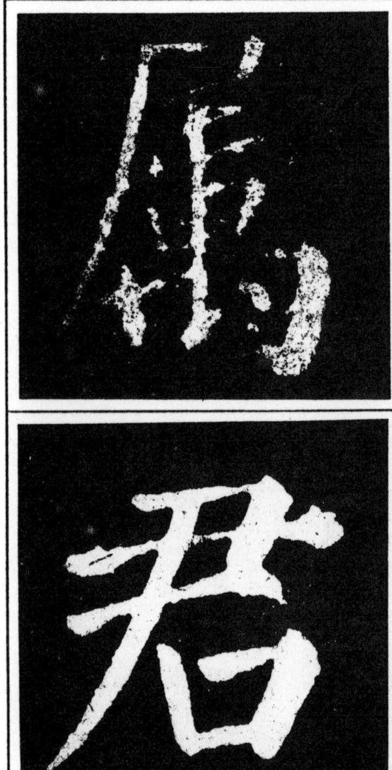

這三字也是左上框廓，縱橫向佔位均較多，所以內部也都相應縮小。但「孝」字的一撇都是明顯的避讓，讓「子」的一横可向左伸展。這是《勤禮碑》中「子」作部位時的習慣寫，成爲一大特點。

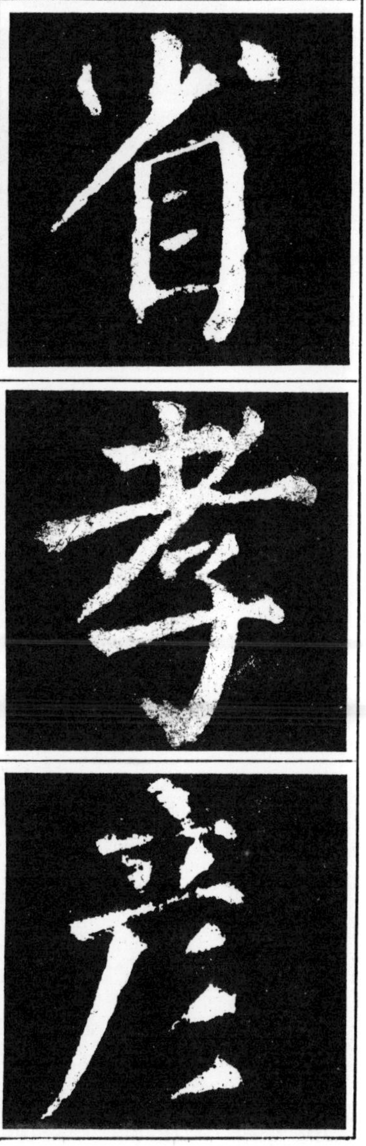

這一行有右上包圍，左下包圍和上左下三面包圍三種，「司」字右邊的豎鈎不能寫成挺直的，要有部份偏斜，或寫成腰部右突的微彎狀態；內部的下邊要有適當的留空，不能寫足。走之的捺大多要比內部的向右伸出。

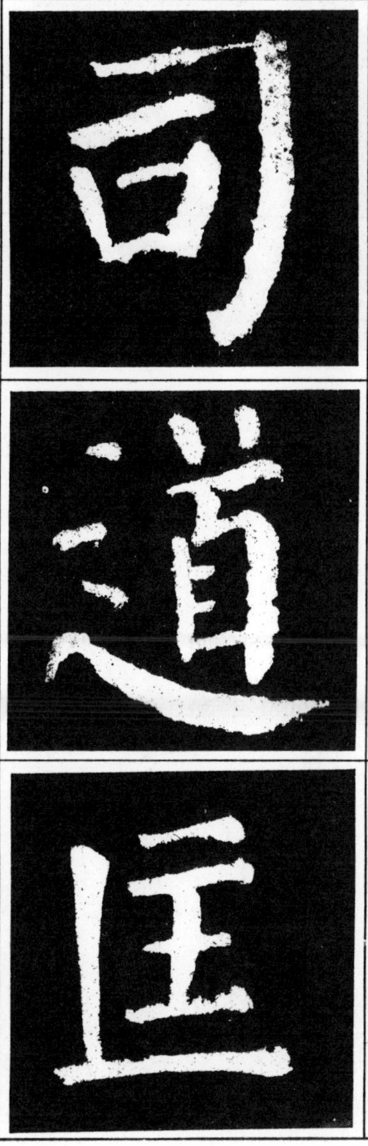

這一行上兩字是左上右三面包圍。這類框廓一般能覆蓋住內部部位，內部部位如縱向佔住多的，也可下伸出框廓，但很少。「國字是雙重框廓，內部的「或」字，是右上框廓。

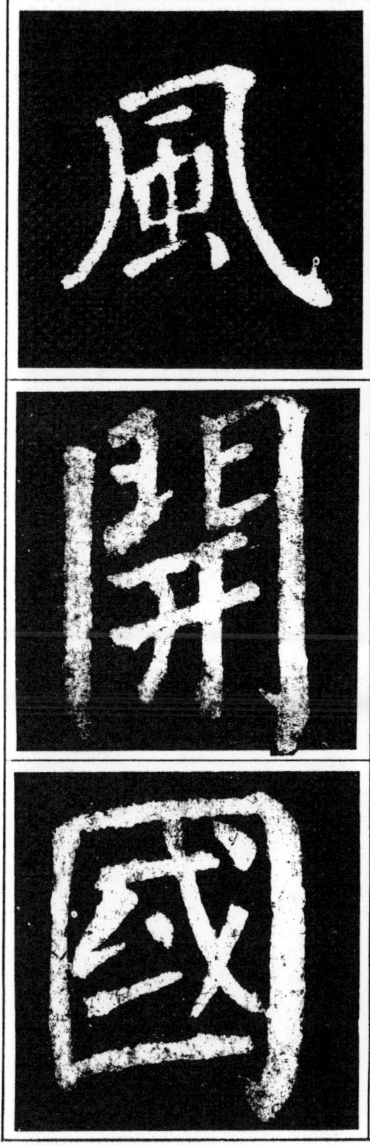

佔、容、讓例說

佔有兩層意思，一是點畫和部位所佔縱橫向地位的佔；二是在搭配、組合時佔有其它部位的空處的佔。容，是指本部位的空白處容許他部位、點畫的部份、點畫的部份或全部進佔。讓，比較複雜。一是傳統的習慣的讓出地位的辦法，如把首邊旁字改變形態以讓出較多地位來。像把「阜」、「邑」、「衣」、「手」、「水」等改成左右耳（阝、阝）、礻、扌、氵等，作爲邊旁。把「草」、「火」旁改以「艹」「灬」作爲字頭，字底之類，都屬這一種。一是彼此照顧、互相呼應所需而作出的避讓，如「交」和「文」組合爲左右結構時，左部位要作出避讓處理，寫成「效」，右部位也作出適當的變化，以期搭配得更爲恰當。一是因布白疏密的要求而作的避讓，如「壁」寫成「辟」之類。一是先出部位已先佔了一定地位後出部位只好避讓，如「朙」「紫」。後二種常因久而定。

佔容讓運用得恰當，可以使字的疏密適當，整體妥貼、自然。後面再用幾個實例，作進一步的說明。

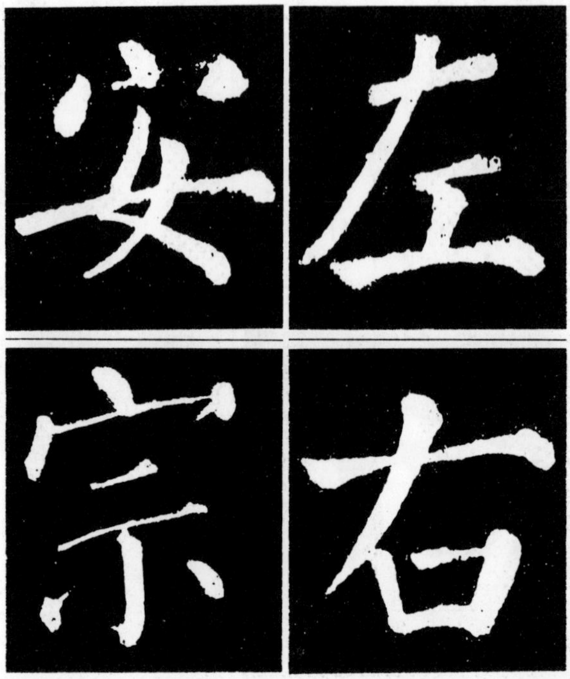

左右兩字是框廓結構，安宗兩字是上下結構，避讓的道理，絕無兩樣。「左」「安」下都有向左右伸展的橫，「右」下的口，不宜向左右伸展，「宗」也有可向左右伸展的橫，若過份伸展，下部位縱橫向佔位，必然超過適當的地步，作爲字中的一個部位，只能適當縮小。由於書家在落筆前便有通盤考慮，因而「左字」和「安」字的上部位橫向筆畫事先縮短；而「右」字「宗」字上部位筆畫可向左右伸展，橫向佔位比同部位的「左」和「安」要寬得多。再看「左、右」二字，因上部位有一斜撇，中段都佔去了下部位左上角的一定地位，下部位要作出一定的避讓，所以「左」下「工」字上橫右移，不處於「工」字的正中；「右」下的「口」也右移，不處於整個字的正中。這也屬佔、讓的明顯例子。這兩組例子，是通常避讓的例子。

「內」字是獨體字內部的「入」不受包圍，所以不屬框廓結構」。

這字內部的「入」字上部透出上框是這一斜撇的五分之二左右；下部受包圍，撇捺，都不能充分伸展，所以撇先右彎，以與捺呼應，又把捺改成點，與撇相應。這是極明顯的內讓外的例，外廓的左右豎筆略有上開下合之態，用以照顧內部。

「護」字本是上下結構，內含左右結構，右部位又含上下結構的字，因「頭」移位，變化成左右結構，而右部位含上中下結構。由於「頭」移到右部位頂部，讓出了左部位頂部地位，在書寫時左部位的「言」，縱向佔位必須增高。在避讓上，這屬「先佔後讓」。這字的疏密形成對照：左疏右密，右部位又是上密下疏；右部位中部又成中密，左右疏。所以密而絕不壅塞。

「城」左的「土」，因右部位的「成」左邊有撇，先作避讓，上下兩橫因所處位置不同，上橫左短右長，下橫改成挑，左長右短，挑尖僅僅微微過豎，這就給右部位左撇撇尖的彎出留出了相當的地位。又因是左右結構的緣故，左部位的避讓，使右部位作出了相應的反應：「成」字作了相應的壓縮，成了狹長形的。這就是「彼此照顧，互相呼應」的最好說明。

「叅」字下部原來是三短撇，《勤禮碑》中或作縱向三點，或作「小」字形。此字因上有撇和捺，下端向左右分張，如寫成縱向三撇，則三撇左右將會有較大的空白，所以改作「小」字形。爲了布白需要，古人允許增減筆畫或改變點畫形態（唐代各書法家留下的碑帖都有這情況可以證明），這字也如此。

「叅」字的佔、容、讓：上部左右兩部位距離較大，爲撇捺上端的伸入佔用，提供了地位，撇捺向左右分張，則「小」必須進佔，這些都是爲了各部位免得鬆散而產生的常見道理。

合體字分類臨習

一、左右結構的臨習：

左右結構有左寬右窄，寬窄近似，左窄右寬等情況外，還有左高右低，高低相似，左低右高及高低錯落等。臨習時應看清。在神態上，又有左右相向、相從、相背三種形態，這和部位形態和點畫形態有直接關係。都必須注意到，在筆下表現出來。尤其是這些形態的內部聯繫，更應注意。無論何種形態，都必須做到左右平衡，不失重心。

以
門
好
故
政
郎
俱
清
隋
頗
諱
禮

加
所
孫
授
將
郭
劉
贈
依
後
秘
記

張 弘 惟
貽 扶 滔
賊 非 絶
雅 推 德

二、上下結構的臨習：

上下結構也有上寬下窄，上窄下寬，上下同寬，以及上高下短，上短上高，上下同高；或寬窄、高低錯落等情況。在形態上有俯視，承接，仰顧等不同。形態的種種區別，和部位和點畫的形態有着密切的關係，但都不如左右結構的「相向、相從、相背」的關係明顯。古人強調的是上部能不能覆蓋下面各部位。中部能不能起啓承的作用，下部能不能承載得了上面各部位。但由於各部位本身有大小寬窄之分，《勤禮碑》的字，并不這樣刻板，這很值得注意。

臨習上下結構，主要應學習上下相稱，左右平衡以保持重心的平穩。

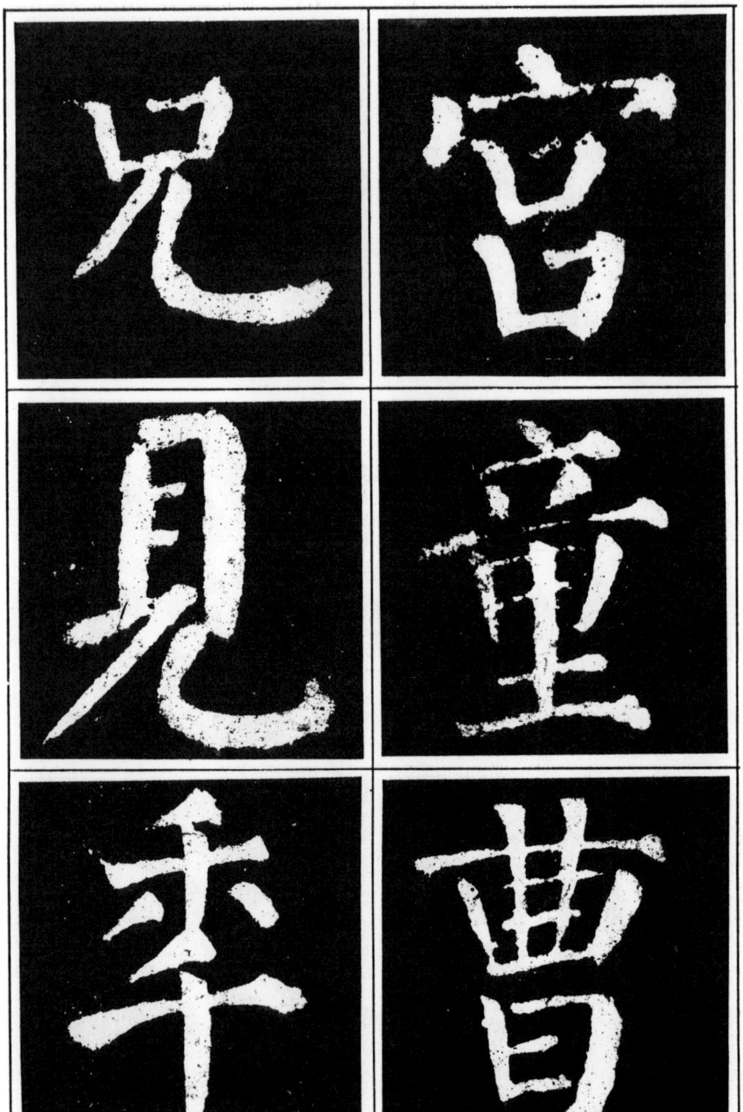

官
杲
男
泉
古
各
高
泰
李
京
宜
室

蓍	弈	家
華	丞	軍
學	奇	崇
齊	善	富

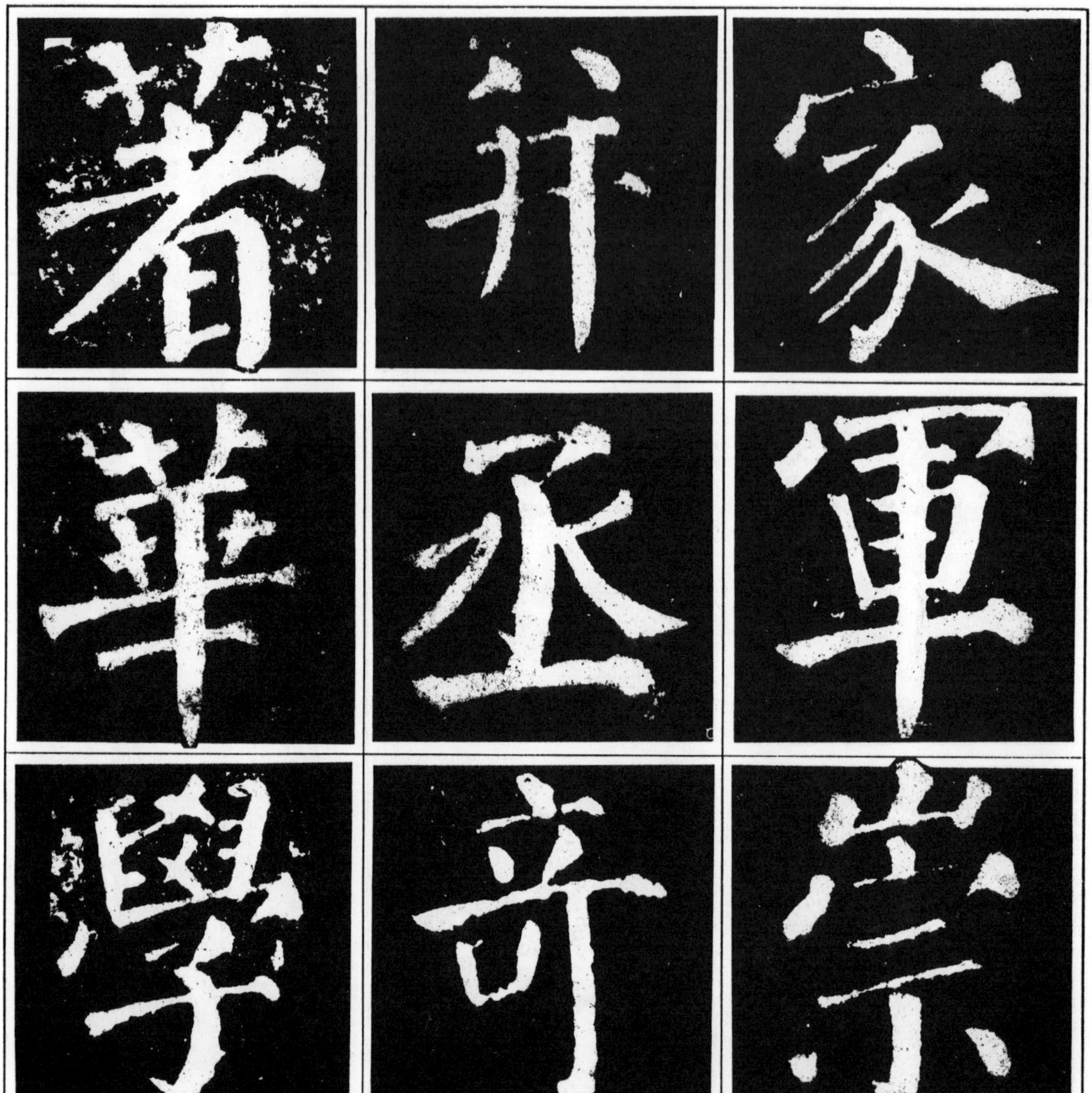

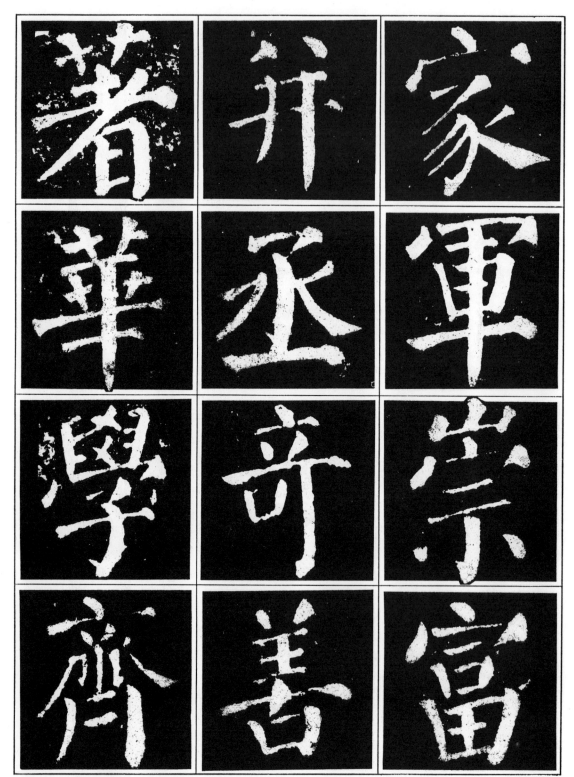

三、框廓結構的臨習：

框廓中，有幾種是處在左上、右上或左下的，所以要佔去一角的地位；有幾種是處在左上右、上左下、左下右的位置，所以要佔上部、左部或下部的一定地位；四面包圍則佔四面地位，雙重、三重框廓佔的地位更多，所以內部位的某一角或四面都應作出避讓的處理，可見臨習這類字，尤應重視佔、容、讓的關係，重視內部各部位和框廓的關係。要把本帖的這種種處理方法，認眞臨習到手。

獨體字中，有一些是帶框廓的，有時也跨入框廓結構。但它們的關係是框廓與點畫的關係。

省君彦司

武進選月

同閭山國

第三章　綜合臨習

前面兩章是各有重點的臨習。這一章把前兩章的所有要求綜合起來，要求臨習者，既顧到點畫寫法的各項要求，又顧到結體臨習的各項要求，所以難度比前兩章要高。前兩章的臨習，如是認眞、嚴肅的，進入本章的臨習並不難。倘使確實覺得難，也不妨進行有重點的臨習。譬如點畫沒有臨習好，本章的字，可作點畫臨習之用；如果結體沒有臨習好，也可供結體臨習之用。編寫時，是本着順序漸進的原則考慮的，臨習時可以根據本人的具體情況決定，不必機械地搬用。

一本字帖選定後，一定要臨習到有所得。甚麼叫有所得？通過點畫臨習，本帖的點畫形態能牢記在腦中，拿起筆來，一寫就像；進而，點畫的種種變化也有了深刻的印像，也能一寫就像，從點畫的臨習來說，已有所得。進入結體臨習時，幾種結構形式及其要求也已印進腦中，而且達到不面對字帖也寫得像，完全可以轉入背臨階段了。從結體臨習來說，也是大有所得。但是要達到這一步，必須經過幾十遍、幾百遍的臨習，而且要全神貫注，邊用筆、邊琢磨的臨習纔能獲得這樣的成績。古代所有有成就的書家，沒有一位不是這樣的。一本帖被選中，不僅認認眞眞臨寫，常常還會用「摹」的方法，直到把一本帖的所有筆法及這本帖所有字的神態都學到手。所說「摹」，和臨同樣重要。臨摹經常並用。摹有幾種方式，作用不同。一是「映寫」，把書寫用紙覆蓋在字帖上（當中應夾一層透明的塑料薄膜，使字帖不受污損）寫，一筆一筆，不能補筆和修改，要求寫得和字帖上的一模一樣。這樣做，既要寫像點畫以體會筆法；又要寫好結體，以領會結體法則。當然也可分重點進行。一是用鉛筆勾出字中每一筆畫的中心線，這叫單鈎，再用毛筆，把這字的所有筆畫寫好，這樣做，是爲了使臨習時起筆、收筆的位置能準確（包括長短、粗細和走向）。一是按每一字的筆畫邊線勾出來，這叫雙鈎，俗稱空心字。然後用毛筆塡廓。這兩種同樣要一筆寫像一個筆畫，不能補筆和修改。目的和映寫同。當臨習一再臨不好時，便應采用「摹」的方法。這樣做，是爲了使臨習的效果更好些。

臨習點畫，是爲了學到本帖的所有筆法，再臨別的字帖，再學到本帖所沒有的筆法。由於各種字帖總有自身的一些特殊筆法，大部份筆法是各種字帖共有的。所以認認眞眞臨習，學到了筆法，再學別的字帖，花的功夫就少多了。結體的準則，各種字帖，相通的是多數，不相通的是少數，學好本帖的結體，再臨習別的字帖，同樣能少花許多功夫。否則，臨習任何字帖，功夫都得重新下，甚至始終無所得。

臨習必須做到從「對臨」過渡到「背臨」。到背臨得已很像樣，便應考慮換帖了。臨習過唐楷而有成績，當然可以再臨別的唐人的楷書，也可以臨宋元大書家的碑帖。基礎較鞏固了，還是上溯到六朝的碑帖爲好。因爲唐及以後朝代，書之法已經完備，老是在法中，容易束縛住藝術的發展，不如向六朝尤其是北朝碑志學習，可以從人爲的法度中擺脫出來。這叫「從有法入，從無法出」，以使自己早日進入書法藝術領域。另外也可選擇行書和隸書來臨習，以求掌握更多的筆法和結體變化的法則。但這必須把本帖完全臨習到手。綜合臨習是爲了鞏固前兩章所學的，也用以檢查學的基礎是不是比較紮實。如發現不足，必須從頭再來。

附帶說一句：本帖的每一字都可用作點畫臨習，也都可用作結體臨習。應反覆臨習直到有所得。

這一章把獨體字、合體字混合編排。大體上以點畫多少排列。字帖的點畫多少與字典的不同，所以說「大體」。

史　仕　令　外

加　老　考　吏

早　有　仲　行

兆
多
交
州
江
守
李
里
作
言
判
沂

弟
門
直
卓
具
金
會
侍
所
京
河
宗

定姓春長

專城南英

皆柳省是

保
後
宣
軍
祕
貞
曹
耿
真
連
馬
荐

國
侗
訓
唐
郎
書
通
御
孫
理
黄
莫

頂累常明
晚傳得御
為部遇進

清
開
尉
著
等
集
敬
詞
温
道
幹
藹

碑雅精業
當賊頌詩
詡義漢屬

論諸澄選

縣賢衛學

舉謀謂優

楚
經
與
齊
潤
頡
暮
撰
監
德
篆
儀

濟擢館贈

闕曜禮顏

頭識顯議

貫氣、筆勢與疾澀例說

一、**貫氣**：指筆畫之間氣息相通，使空空能成活筆。先看「之」「子」二例，每一點畫都有明顯的貫氣筆意。上點右向，似乎俯視挑點；點的收筆在下突處，即筆向挑點運行的痕迹。點和撇的所向，不言自明。「子」字的上折，也不必多說，且說豎彎鈎的鈎尖所向。這鈎尖向着橫的起筆左邊，所以方斜起筆（如鈎尖向着橫的起筆內部則橫逆鋒起筆爲「之」的撇尖向着捺的起筆內部，所以這平捺逆鋒起筆，其餘可以以此類。從第一字的第一筆貫到末字的末筆，那就屬血脈貫通。臨習開始，便應養成筆筆收筆都應向著下筆起筆的習慣。字帖中有許多點畫形態是因貫氣所需而成的。

二、**筆勢**：指每一種點畫的形體姿態。每一書家的字都有各自的特點和面貌，點畫形態自然各異。筆法有一致性，筆勢却各異，有肥瘦、長短、方圓、正側、巧拙、曲直以及柔潤和峻削的不同。《勤禮碑》的字，點畫形態和結體形態是統一的。顏字點畫，素有「豐筋」之稱，肥的筆畫豐滿而富含內力，瘦的點畫雖細而仍很有力。歐陽詢的點畫不管肥瘦，都屬峻削；柳公權得歐的結體，得顏的筆意，但以「柳骨」聞名，柳的點畫不管粗細，都像骨頭；虞世南的點畫不管肥瘦，都很安詳柔潤。其次，長短、方圓、正側、巧拙、曲直也各有自己的特點。如「之」字，《勤禮碑》的點粗壯，橫筆改成挑、折已斷成兩筆，撇也瘦短，捺則豐滿而作較長的圓弧狀。這就是《勤禪碑》的筆勢，其餘每一字的所有筆畫無不如此。可以參看前面所有的字。所以用「筆勢」兩字，即因每一點畫都含內力，如無力，便失勢。

三、**疾澀**：也用這兩個字爲例，作些解釋，先說「之」字。點，凡是處於主要位置的點，大多用澀法寫。古代大書家要求「點如高山墜石」，就是要求內力要足。所以寫點時，大多逆鋒起筆，回鋒後，先沿圓背下按。向右下下按時，上邊線要加力到最突出處轉爲減力。下邊線，如點的腹平則不加力或減力；若腹外突要先加力，若腹上凹，則先減力。然後斂鋒到上邊線沿圓底一轉，回鋒到點內腰間，調整好筆鋒，迅速向挑筆的起筆行筆，或虛空行，或實地行，要看具體情況，這「之」字，要虛空行筆。凡用回鋒，調整筆鋒的點畫都用澀法。用澀法爲的是蓄好力，接着的迅速行筆，便是疾法。動作在極小範圍內，似乎沒有行出，是爲了蓄力，如射箭前的拉弓待射一樣，而箭射出時，前行有力而迅速、快而挾力叫疾法。「之」「子」二字的每一筆起筆（包括子上折處）都用的是澀法。「之」的捺出處，「子」字豎彎鈎的出鈎處，也有澀法，隨之而來的是疾法。

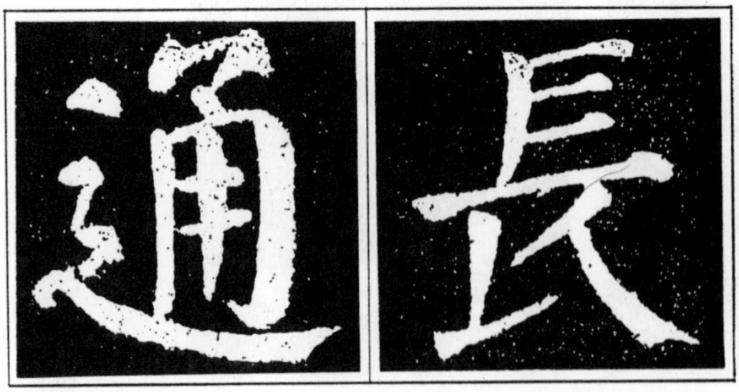

用疾澀二法寫出的點畫，當然內力是很足的。儘管蔡邕的女兒蔡文姬說：「得疾澀二法，書妙盡矣」（書法的奧妙都在這二法之內），歷代大書家也無不用此二法，但并非每一筆畫，筆畫的每一段都用這二法的。一般說，處於主要位置的點，點中的挑點、撇點都要用疾澀二法，其餘如平捺的頭尾，斜捺的捺腳，平撇、斜撇，長橫的首尾，鈎部，都要用疾澀二法。各書法家的筆勢不同，但這幾處，恐怕是基本相同的。臨習時，應該在讀帖時，摸準運用疾澀二法的所在，并力求寫好，是會很有益處的。

「長、通」這兩字，經過仔細觀察，可以看出：「長」字的長橫、挑、撇、捺要用疾澀二法，其餘筆畫都不用。「通」字的上折，左上點，左折，平捺，都要用疾澀二法，其餘的，包括這鈎也不用疾澀二法。

書寫時，行筆也有快慢的區別。所說快慢，指的是在各人原有的書寫速度上判定的。各人的書寫速度并不相等，所以快和慢也各不相同。比原有的書寫速度快，便算快，比原有書寫速度緩，便是慢。每一筆畫，起筆、收筆處常較中段緩慢些，中段常較快速些。稍長的筆畫，總是快慢交替出現的，這纔是正常的，從頭到尾同一速度是不正常的。開始臨習，便要注意到這一點。

快慢不等於疾澀。快慢僅指行筆的速度，並沒有「蓄力」和「挾力」的要求。而「疾、澀」則要求快中挾力，不前行時爲的是蓄力。所以一般書寫，應該是疾澀和快慢交織在一起的，也就是除了疾澀之外，書寫時，還應有快有慢。

不管用疾澀二法或快慢行筆，不管貫氣或筆勢的再現，都必須按照「五要領，兩邊線；兩邊線加力減力善知變」的口訣去書寫點畫。尤其是兩邊線的走向，必須先辨析清楚，行筆時，纔能避免遲疑，纔能有疾有澀，有快有慢。開始時，要求不能提得過高，要根據實際水平而稍高於實際，纔不致失望、泄氣，有時寫得低於實際水平，偶然有幾次，是正常的，不要影響信心。有些人或因要求過高，或因偶有低於實際水平的情況出現而動搖信心，其中有人竟至擲筆，這是十分可惜的。書寫技法的提高，不是一朝一夕的事，要達到熟練運用各種技法的程度，并不是很容易的事，不能指望短期內便有顯著的成效。前面所提的種種要求，有些是短期內必須達到的，有些則是應在較長時期內達到，有些則須長期追求。凡事都有循序漸進的過程。如貫氣在短期內可以做到，疾澀、快慢應在不斷臨習中，先做到筆能指揮之後再去追求的，所以沒有編入「點畫」部份，而作爲附錄。這是必須加以說明的。

國立中央圖書館出版品預行編目資料

唐顏眞卿書勤禮碑 / 楊蒼舒編著. -- 初版. --
：文史哲，民84
面；　公分.
ISBN 957-547-963-7(平裝)

943.2

唐顏眞卿書勤禮碑

編著者：楊　蒼　舒
出版者：文　史　哲　出　版　社
登記證字號：行政院新聞局局版臺業字五三三七號
發行人：彭　正　雄
發行所：文　史　哲　出　版　社
台北市羅斯福路一段七十二巷四號
郵撥〇五一二八八一二彭正雄帳戶
電話：三　五　一　一　〇　二　八
印刷者：文　史　哲　出　版　社

實價新台幣二二〇元

中華民國八十四年七月初版

ISBN 957-547-963-7